*Helen von Bila*
*Gerontologie. Bestandsaufnahme zur Situation der Alternsforschung in der Bundesrepublik Deutschland*

*Schriftenreihe der Stiftung Volkswagenwerk*

Helen von Bila

# Gerontologie

*Bestandsaufnahme zur Situation der Alternsforschung in der Bundesrepublik Deutschland*

*Vandenhoeck & Ruprecht, Göttingen*

Einbandgestaltung Atelier Professor Klaus Grözinger, Braunschweig
Gesamtherstellung Hubert & Co., Göttingen
ISBN 3 525 85354 8

## Zum Geleit

Wenn auch zugunsten des älteren Menschen beispielweise auf dem Gebiet sozialer Gesetzgebung vielfältige Maßnahmen ergriffen worden sind, so scheinen doch zahlreiche seiner spezifischen Probleme trotz oder gerade wegen eines ständig gestiegenen Wohlstands noch nicht genügend erkannt oder beachtet zu sein. Der sich aufgrund seines Alters aus dem aktiven Leben zurückziehende Mensch dürfte zudem geneigt sein, seine Situation eher als persönliches Schicksal hinzunehmen, denn auf eine Änderung hinzuwirken. Um so notwendiger ist es deshalb, daß sich das öffentliche Interesse seiner annimmt. Die Verbesserung der sozialen und psychologischen Situation sowie der medizinischen Versorgung des älteren Menschen wird mittlerweile bereits als dringend erforderlich akzeptiert. Aber wissen wir genau, was im Interesse des älteren Menschen und der Gesellschaft, in der er lebt, eigentlich geschehen soll? Diese Frage ist auch und vielleicht besonders an die Wissenschaft zu richten.

Da die Stiftung Volkswagenwerk als eine Einrichtung zur Förderung von Wissenschaft und Technik in Forschung und Lehre neben der Unterstützung konkreter Forschungsprojekte ihre Aufgabe auch darin sieht, die Aufmerksamkeit der Öffentlichkeit auf aktuelle wissenschaftliche und für die Gesellschaft bedeutsame Fragen zu lenken, hat sie ihrerseits versucht, einen Überblick über die Situation der Alternsforschung in der Bundesrepublik zu erhalten. Das Ergebnis der von Frau Dr. Helen von Bila durchgeführten Erhebung wird hiermit der interessierten Öffentlichkeit übergeben.

Der Stiftung lag weniger daran, die im Gange befindlichen wissenschaftlichen Aktivitäten und Diskussionen auf dem Gebiet der Alternsforschung im einzelnen darzustellen und – darüber hinausgehend – vielleicht neue stimulierende Akzente für die Wissenschaft zu setzen. Mit Rücksicht auf die öffentliche Bedeutung sollte eher ein Leitfaden entstehen, der allgemein verständlich Auskunft gibt zu den Fragen: Was ist Alternsforschung und wer betreibt sie in der Bundesrepublik?

Frau Dr. von Bila ist besonders dafür zu danken, daß sie als Praktikerin der Wissenschaftsverwaltung diese Aufgabe übernommen hat. In kurzer Form schildert sie in der von ihr verantworteten Publikation die Situation der Gerontologie und gibt aufgrund ihrer Recherchen Informationen über Kliniken und wissenschaftliche Institutionen, Publikationen und Lehrveranstaltungen sowie allgemeine Einrichtungen, die sich mit Fragen des alternden bzw. des alten Menschen beschäftigen. Anhand dieser Informationen kommt Frau Dr. von Bila zu Vorschlägen, welche Maßnahmen zur Förderung der Alternsforschung in der Bundesrepublik ergriffen werden könnten, damit bald weitere Ergebnisse wissenschaftlicher Forschung als Voraussetzung für wirksames Handeln in der Praxis zur Verfügung stehen.

Es ist erfreulich, festzustellen, daß das Ministerium für Jugend, Familie und Gesundheit bereits Maßnahmen zur Förderung der Gerontologie ergriffen hat und daß auch die Deutsche Forschungsgemeinschaft, die Fritz Thyssen Stiftung und der Stifterverband für die Deutsche Wissenschaft Interesse an einer Förderung der Gerontologie zeigen. Vielleicht kann die vorliegende Broschüre auch zur Koordinierung dieser Bemühungen beitragen. Die Stiftung Volkswagenwerk wird bemüht scin, trotz des Schwindens ihrer finanziellen Leistungskapazität einen wirkungsvollen Beitrag auch in diesem Bereich zu leisten.

Hannover, im März 1974

Gotthard Gambke
Generalsekretär der
Stiftung Volkswagenwerk

# Inhalt

## *A. Einführung**

Es ist auffallend, daß in letzter Zeit einerseits in Fachzeitschriften, auf wissenschaftlichen Kongressen, auch in der Tagespresse in wachsendem Umfang gerontologische Fragen behandelt werden, andererseits Klagen und Hinweise nicht verstummen darüber, daß die Gerontologie in der Bundesrepublik Deutschland in Forschung und Praxis nicht die ihr gebührende Beachtung und Förderung findet, ja, man spricht sogar von einem beunruhigend unterentwickelten Bereich. Diese Beobachtung legt es nahe, zu untersuchen, wie die Dinge sich denn tatsächlich verhalten.

Was ist unter «Gerontologie» überhaupt zu verstehen und womit ist das starke Interesse unserer Tage motiviert?
Gerontologie ist ein Sammelbegriff; sie ist der «Komplex der Wissenschaft, der sich mit der Erforschung der Prozesse beschäftigt, die sich während des Alterns und im Alter im Organismus und in seinen Beziehungen zur Umwelt vollziehen» (VAN ZONNEVELD 1968, S. 300). Dies heißt, daß Gerontologie eine multidisziplinäre Wissenschaft ist, die auf die Zusammenarbeit der verschiedensten Wissensgebiete, z.B. Morphologie, Physiologie, Biochemie, Klinische Medizin einschließlich Psychiatrie, Epidemiologie, Psychologie, Soziologie, Anthropologie, angewiesen ist, je nach der Fragestellung. Das Altern selbst ist ein irreversibler, den menschlichen Körper von Geburt an steten Wandlungen unterwerfender biologischer Vorgang, den Max BÜRGER, der hervorragende Internist und Alternsforscher, «Biomorphose» genannt hat.

Der Erforschung der Ursachen des Alterns als biologische Erscheinung dient nun die gerontologische Grundlagenforschung, die *Experimentelle Gerontologie.* Sie untersucht, ob es fördernde oder hemmende Faktoren gibt, die den Ablauf des Alterns modifizieren können (VERZÁR 1971, S. 64); mit anderen Worten, sie untersucht

---

* Abschluß des Manuskripts Ende 1972; Ergänzungen, vor allem statistische Angaben nach neuestem Stand, Ende September 1973.

nicht die Pathologie des Alters, sondern den Prozeß des Alterns selbst, vor allem im Blick auf die Möglichkeit der Prophylaxe und Einschränkung der Alterskrankheiten, z.B. der Arteriosklerose oder Arthrose. Die experimentelle Gerontologie arbeitet insbesondere mit den Methoden der Physiologie, Pathologie und Biochemie «mit den sich heute auskristallisierenden Teilen wie Molekular- oder Zellularbiologie» (VERZÁR a.a.O., S. 65).

Als «Wissenschaft vom Altern» will sie gewissermaßen «Wegbereiter der klinischen Gerontologie, der Geriatrie» sein (STÖRMER 1971, S. VII). Der Begriff Geriatrie (geriatrics) wurde 1909 in Analogie zum Begriff Pädiatrie (pediatrics) von dem Amerikaner I. L. NASHER geprägt (NASHER 1909, S. 358). Er hatte noch im Jahre 1914 Mühe, für eine wissenschaftliche Veröffentlichung, die sich mit dem Grundprinzip der Geriatrie auseinandersetzte, einen Verleger zu finden – wegen mangelnden Interesses! Das Altern, so meinte NASHER, sei genau wie die Kindheit ein physiologischer Zustand und keine pathologische Phase des Erwachsenenalters.

Das Altern ist nach heutiger Auffassung – im Gegensatz zu zurückliegenden Anschauungen – keine Krankheit per se. Es ist *ein Stadium im Lebensablauf,* und zwar das Stadium mit Reduktion des Ausmaßes der Leistungsfähigkeit, so führt O. GSELL, Basel, aus (GSELL 1966, S. 74ff.).

Die *Geriatrie* nun befaßt sich mit Hilfe allgemeiner medizinischer Methoden mit den typischen Alterns- wie auch allgemeinen Krankheiten der alten und hochbetagten Menschen. Sie muß im besonderen Maße berücksichtigen, daß bei Hochbetagten häufig verschiedene, voneinander meist unabhängige, aber gleich bedeutsame Krankheiten zu registrieren sind; GSELL weist (a.a.O.) auf die «Polymorbidité» hin und darauf, daß das Spektrum des Geriaters sowohl in der Diagnostik wie auch in der Therapie sehr breit angelegt sein muß. (Hierzu eingehende Untersuchungen von FRANKE 1972, S. 1373–1376 und SCHUBERT 1972, S. 139.)

Neuerdings hat auch A. J. LINZBACH von seinem Standpunkt als Pathologe in seinem Beitrag «Das Altern des menschlichen Herzens» (1972) nachdrücklich auf die Multimorbidität oder, wie er es vorzieht zu bezeichnen, Polypathie hingewiesen. Er führt aus, daß klinische Untersuchungen bei über 70jährigen Patienten in 99% der

Fälle zwei und mehr und in 74 % vier und mehr Krankheitsdiagnosen bei einem Patienten ergaben.

Die Hauptbemühungen der Geriatrie richten sich insbesondere auf Prävention, Diagnostik, Therapie und Rehabilitation sowie Nachpflege. Präklinisch-geriatrische Maßnahmen können freilich auch schon bei Personen im 3., 4. oder 5. Lebensjahrzehnt erwünscht sein, denn das biologische Alter eines Menschen deckt sich nicht notwendigerweise mit dem kalendarischen Alter, d.h. die in der Regel statistisch angenommene Altersgrenze von 65 Jahren ist fiktiv; sie kann sich – dies ist individuell und abhängig von verschiedenen Faktoren – nach unten wie nach oben verschieben. Das Verhalten der Betagten wird weniger vom kalendarischen als vom biologischen Alter bestimmt (FRANKE 1970, S. 3–10). Ziel sollte es sein, das kalendarische Alter möglichst weit vom biologischen Alter zu entfernen (SCHUBERT 1968, S. 1).

Wenn gesagt wurde, daß die «Wissenschaft vom Altern» Wegbereiter der Geriatrie sei, so wirkt indessen nicht nur die experimentelle Gerontologie befruchtend, auch die Geriatrie ihrerseits, gestützt auf die empirische Forschung, kann der experimentellen Gerontologie aus ihren aktuellen Erfahrungen heraus manche Impulse und Anregungen geben. Allerdings, so betont G. SCHETTLER (in: Alterskrankheiten, 1972, S. V), können unkritische, scheinbar empirisch erworbene «Erkenntnisse» gerade auf dem Sektor Praxis und Klinik auch ungünstigen Einfluß haben, wenn in Prophylaxe und Therapie der zweite oder dritte Schritt vor dem ersten getan wird, ohne daß gesicherte Ergebnisse der Grundlagenforschung vorliegen.

Gesicherte Ergebnisse zu erreichen, ist auch Aufgabe der Epidemiologie, in diesem Zusammenhang vor allem der deskriptiven und analytischen Epidemiologie, während der Gesamtbereich der Epidemiologie weit in Sozialmedizin, Psychologie und Soziologie hineinreicht.

Die Interpretation des Begriffes «Gerontologie» erschöpft sich nun aber nicht mit der Zuordnung in den medizinischen Bereich, wenn auch heute hier das Schwergewicht in der gerontologischen Forschung liegt gegenüber den sich an Aktivitäten noch allzusehr zurückhaltenden anderen Disziplinen. Wie eingangs vermerkt, setzt sich jedoch die Erkenntnis mehr und mehr durch, daß die «Wissenschaft vom Altern» eine multidisziplinäre, auf Zusammenarbeit angewiesene Wissenschaft ist.

So ist die Psychologie – soweit sie sich als *Geropsychologie* darstellt – ein wesentlicher Bestandteil des Sammelbegriffes «Gerontologie». Eindringlich weist U. LEHR (in: Stellung und Aufgabe der Psychologie innerhalb der Gerontologie, 1971) darauf hin, daß Veränderungsvorgänge und Anpassungsschwierigkeiten im Laufe des einzelnen Lebens sich nicht nur im biologischen, sondern auch merklich im geistig-seelischen Bereich abspielen. Es kommt entscheidend darauf an, wie der einzelne alternde Mensch mit der Übernahme der ihm in der Zeitspanne seines Lebens zufallenden wechselnden «Lebens-Rollen» fertig wird; sie werden ihm nicht zuletzt von der Gesellschaft zugeteilt – gegenwärtig leider noch unter sehr negativen Maßstäben. Es hängt ganz von der Gesellschaft ab und von ihrem Willen, auch dem alten Menschen Funktionen in sich zuzubilligen, so A. MITSCHERLICH in: Thesen zur Stadt der Zukunft (1971).
In der Zukunft liegt hier ein weites Feld für die notwendige Forschung auf dem Gebiet der Geropsychologie und darüber hinaus in engem Zusammenhang auch auf dem Gebiet der Gerosoziologie.
«Altern ist heute primär soziales Schicksal und erst sekundär funktionelle oder organische Veränderung» meint H. THOMAE in: Altern als psychologisches Problem (1969, S. 23).
Wie man zu dieser Wertung auch stehen mag, es ist ein großes Verdienst von THOMAE und seinen Mitarbeitern, im Psychologischen Institut der Universität Bonn von der Seite der Psychologie her das Thema angegangen und Forschungsprojekte durchgeführt zu haben, insbesondere mit der Methode der Längsschnittforschung; hierunter versteht man über längere Zeit fortgesetzte und statistisch ausgewertete Erhebungen über die Vorgänge des Alterns, die bei der gleichen Person im Laufe der Jahre zu beobachten sind. (Vgl. hierzu auch GSELL 1968.) Derartige systematische Untersuchungen sind noch relativ spärlich bei uns und nicht etwa zu verwechseln – wie es hier und da geschieht – mit den bisher geläufigen Querschnittforschungen, d.h. ein Vergleich von Gruppen von Menschen verschiedenen Alters.

Wie die Geropsychologie gehört auch die *Gerosoziologie* essentiell zu einer interdisziplinären Gerontologie, wenn auch die Aspekte der Alternssoziologie bisher in unserer Forschung weitgehend vernachlässigt wurden – ganz im Gegensatz z.B. zu anderen europäischen Ländern oder auch den Vereinigten Staaten. Wie können aber sinnvoll adäquate, nicht nur vom Gesundheitszustand abhängende Lebensverhältnisse für alte Menschen geschaffen werden, wenn nicht die für eine erfolgreiche Arbeit notwendigen Erkenntnisse vorliegen. Mit Sicherheit ist eines der Schlüsselprobleme die Wohnsituation mit allen Imponderabilien; sie können nur vernünftig angegangen werden, wenn die soziologische Forschung umfassende Informationen liefert und Alternativen anbietet. Unentbehrlich sind daher wissenschaftlich erarbeitete Daten.

Fragestellungen seien zur Erläuterung angedeutet: Informationen über die materielle und geistige Situation des in der Stadt und auf dem Lande lebenden alten Menschen und seine Lebensgewohnheiten einschließlich Ernährung, über seinen Standort in der Familie, in unserer Leistungsgesellschaft, zum Generationenproblem, zum Beruf und zur Berufsaufgabe sowie zur gedanklichen Vorbereitung auf den Übergang in den Ruhestand zur Vermeidung des «Pensionierungsbankrottes» (STAUDER 1955), zu Wünschen nach Fortbildung, weiteren Aktivitäten und Funktionen. Sehr instruktiv ist ein Bericht «Forschungsdesiderate auf dem Gebiet der sozialen Gerontologie» von H. THOMAE über seine Beobachtungen als Teilnehmer der White House Conference on Aging, 1971, und des internationalen Seminars über Forschung und wissenschaftliche Effizienzbewertung in der sozialen Gerontologie in Washington (s. hierzu THOMAE 1972). Erkennbar wiederum: auch hier ein weites – bisher wenig beackertes – Feld für moderne Forschung.

Es sei in diesem Zusammenhang darauf aufmerksam gemacht, daß aus Sachgründen zwischen sozialwissenschaftlicher gerontologischer Forschung und praktischer Altenhilfe und Altenfürsorge unterschieden werden sollte, wenn auch in beiden Fällen der alte Mensch im Mittelpunkt steht und die wissenschaftlichen Erkenntnisse der Praxis dienen. Vielerorts herrscht in der Zuordnung der Bereiche Verwirrung.

Der so späte Beginn des öffentlichen Interesses an der Alternsforschung dokumentiert, daß unsere Wohlstands- und Leistungsgesellschaft bisher in keiner Weise sich mit der Situation und den Problemen der Altengenerationen auseinandergesetzt, sondern sie einfach übersehen hat. Dies ist um so schwerwiegender, als die Gesamtbevölkerungszahl der letzten 100 Jahre ständig angestiegen ist, überwiegend bedingt durch die angewachsene durchschnittliche Lebenserwartung. Das bedeutet nun nicht, daß der Mensch heute um beträchtliche Jahre älter wird; vor allem haben Kinder und Jugendliche gegenwärtig eine größere Chance alt zu werden, bewirkt durch die Fortschritte der Medizin und Hygiene, die auch Säuglingssterblichkeiten sowie Todesfälle bei Infektionskrankheiten im Kindesalter eindämmen. Demgegenüber haben die Erfolge in der Bekämpfung der Todesursachen im reiferen und hohen Lebensalter die Lebenschancen wesentlich weniger erhöht.

Der Anstieg der Lebenserwartung* für 65jährige in dem Zeitraum 1901/10 bis 1968/70 ist nicht so erheblich wie bei den Neugeborenen im gleichen Zeitraum:

| | 1901/10 | 1968/70 |
|---|---|---|
| Lebenserwartung 65jähriger: | | |
| Männer | 10,4 Jahre | 11,8 Jahre |
| Frauen | 11,1 Jahre | 14,9 Jahre |
| Lebenserwartung Neugeborener: | | |
| Knaben | rd. 45 Jahre | 67,24 Jahre |
| Mädchen | rd. 48 Jahre | 73,44 Jahre |

Die Hauptbedeutung der erhöhten Lebenserwartung liegt eben darin, daß fast alle Geborenen das Erwachsenenalter erreichen** und mehr als die Hälfte von ihnen das 65. Lebensjahr überschreitet (ROSENMAYR 1966, S. 94). Nach neuesten Zahlen des Statistischen Bundesamtes überschreitet sogar mehr als die Hälfte das 70. Lebensjahr, bei Frauen das 75. Lebensjahr.

Indessen ist der Rückgang der Säuglingssterblichkeit von einem Rückgang der Geburtenziffern begleitet.
D. DEININGER (1970) gibt an, daß 1875 auf 1000 Einwohner pro Jahr noch 41 Geburten entfielen, um 1900 etwa 36 Lebendgeborene, 1968 16 Lebendgeborene und 1972 nur noch 11,3 Lebendgeborene nach neuesten Zahlen des Statistischen Bundesamtes. Diese Entwicklung

* B. MIKAT 1972, S. 16/17; ergänzt durch neueste Zahlen des Statistischen Bundesamtes (nach schriftl. Mitteilung, April 1973).

** Anm. d. Verf.: nämlich über 95 Prozent.

# Bevölkerung nach Alter

| Land | Jahr der Zählung oder Schätzung | in Tausend | | | | | | in Prozent | | |
|---|---|---|---|---|---|---|---|---|---|---|
| | | unter 15 | | 45–65 | | 65 und mehr | | | | |
| | | insges. | weiblich | insges. | weiblich | insges. | weiblich | unter 15 | 45–65 | 65 und mehr |
| Bundesrepublik | 1971 | 14 102 | 6 872 | 13 685 | 7 905 | 8 311 | 5 120 | 23 | 22 | 14 |
| DDR u. Berlin Ost | 1971 | 3 938 | 1 920 | 3 544 | 2 177 | 2 691 | 1 668 | 23 | 21 | 16 |
| Belgien | 1971 | 2 213 | 1 083 | 2 213 | 1 144 | 1 323 | 775 | 23 | 23 | 14 |
| Dänemark | 1971 | 1 148 | 560 | 1 146 | 586 | 626 | 353 | 23 | 23 | 13 |
| Frankreich | 1972 | 12 701 | 6 223 | 10 677 | 5 538 | 6 802 | 4 192 | 25 | 21 | 13 |
| Großbrit./Nordirl. | 1972 | 13 507 | 6 582 | 13 268 | 6 861 | 7 328 | 4 517 | 24 | 24 | 13 |
| Irland | 1970 | 919 | 449 | 608 | 301 | 332 | 180 | 31 | 21 | 11,3 |
| Italien | 1970 | 13 425 | 6 580 | 11 910 | 6 218 | 5 834 | 3 376 | 25 | 22 | 10,7 |
| Jugoslawien | 1969 | 5 581 | 2 718 | 3 534 | 1 915 | 1 543 | 888 | 28 | 17 | 8 |
| Niederlande | 1971 | 3 572 | 1 744 | 2 633 | 1 364 | 1 368 | 773 | 27 | 20 | 10 |
| Norwegen | 1970 | 950 | 463 | 936 | 475 | 503 | 285 | 24 | 24 | 12,9 |
| Österreich | 1970 | 1 809 | 886 | 1 676 | 968 | 1 049 | 652 | 24 | 23 | 14 |
| Polen | 1970 | 8 606 | 4 221 | 6 264 | 3 403 | 2 754 | 1 673 | 26 | 19 | 9 |
| Schweden | 1971 | 1 687 | 821 | 2 028 | 1 020 | 1 141 | 635 | 21 | 25 | 14 |
| Schweiz | 1971 | 1 479 | 723 | 1 334 | 696 | 729 | 434 | 24 | 21 | 12 |
| Spanien | 1970 | 9 479 | 4 626 | 6 976 | 3 681 | 3 299 | 1 935 | 28 | 21 | 10 |
| Tschechoslowakei | 1971 | 3 300 | 1 614 | 3 212 | 1 684 | 1 682 | 1 004 | 23 | 22 | 12 |
| Ungarn | 1971 | 2 087 | 1 015 | 2 446 | 1 308 | 1 225 | 715 | 20 | 24 | 12 |
| Vereinigte Staaten | 1970 | 57 910 | 28 409 | 41 785 | 21 805 | 20 050 | 11 642 | 28 | 21 | 9,9 |
| Japan | 1971 | 25 206 | 12 354 | 19 470 | 10 552 | 7 558 | 4 240 | 24 | 19 | 7 |

Quelle: Statistisches Jahrbuch für die Bundesrepublik Deutschland 1972

bedeutet eine weitere Zunahme des Anteils der alten Menschen an der Gesamtbevölkerung.

Nach Deininger (1970, S. 188) war der Anteil der über 65jährigen

| | | |
|---|---|---|
| | 1871 | 4,6 % |
| | 1910 | 5,0 % |
| | 1961 | 11,0 % |
| | 1967 | 13,0 % |
| und nach neuesten Zahlen des Stat. Bundesamtes * | 1971 | 13,5 % |

d. h. die Zahl der über 65jährigen betrug

| | |
|---|---|
| 1967 | 7,6 Millionen Einwohner |
| 1971 | 8,3 Millionen Einwohner. |

Nach einer Vorausschätzung des Statistischen Bundesamtes ist bis zum Jahr 1980 sogar noch mit einem weiteren Ansteigen bis auf 15,1 % zu rechnen, jedoch mit einem Rückgang nach 1980 auf 13,6 % im Jahr 1985; dies wird dadurch erklärt, daß dann die geburtenstarken Jahrgänge aus der Zeit vor dem Ersten Weltkrieg in das Alter der hohen Sterblichkeit aufrücken und schwache Jahrgänge im Rentenalter folgen**. Zur Zeit ist etwa jeder achte Bürger der Bundesrepublik über 65 Jahre alt; die Bundesrepublik gehört damit zu den Ländern mit dem höchsten relativen Anteil der über 65jährigen; höher liegt nur die DDR. Die Tabelle «Bevölkerung nach Alter» (s. S. 15) zeigt dies im Vergleich mit anderen Ländern.

Die Zahlen sprechen für sich. Es handelt sich nicht etwa um «Randgruppen», sondern um einen ganz manifesten Teil unserer Gesellschaft, um einen hohen Prozent-Anteil unserer Mitbürger und Angehöriger unseres Staates, denen nicht nur Hilfe, wo es not tut, sondern Gehör und Verständnis entgegengebracht werden muß.

* Nach schriftl. Mitteilung, April 1973.

** Veröffentlichung soll im Statistischen Jahrbuch 1973 erfolgen.

## B. *Übersicht*

*über gerontologische Bemühungen in der Bundesrepublik Deutschland (Stand und Planung 1971/1972)*

Die aufgrund von zahlreichen Gesprächen und schriftlichen Erhebungen nach Ort, Gegenstand und Hilfsmitteln zusammengestellte Übersicht gibt Hinweise auf den gegenwärtigen Status dessen, was in der Bundesrepublik im gerontologischen Bereich zu beobachten ist und die Aufmerksamkeit auf sich ziehen sollte um einer zukünftigen, möglichst effektiven Förderung willen.

Die Übersicht erhebt allerdings keinen Anspruch auf Vollständigkeit; sie sagt auch nichts über die wissenschaftliche Qualität im einzelnen aus. Es wäre ein Widerspruch in sich, würde ein «Status-Bericht» werten.

Der gestellten Aufgabe gemäß sind vielmehr die Antworten und Auskünfte festgehalten, wie sie aufgrund systematischer schriftlicher und mündlicher Umfragen bei dem in der Bundesrepublik annähernd überschaubaren Kreis von gerontologisch arbeitenden Wissenschaftlern innerhalb und außerhalb der Universitäten zu erhalten waren; eingehendes Literaturstudium sowie Informationen im Ausland waren weitere Quellen zum Verständnis und Vergleich.

Erfreulicherweise wurden die Fragen durchweg bereitwillig beantwortet; dafür danke ich allen Beteiligten.

# I. Bestandsaufnahme wissenschaftlicher Einrichtungen *

*Experimentelle Gerontologie*
*Klinische Geriatrie und empirische Forschung*
*Gerontopsychiatrie/Epidemiologie/Sozialmedizin*
*Psychologie*
*Soziologie*

## Schlüssel zur Dokumentation (s. auch ausklappbare Falttafel S. 105)

*Experimentelle Gerontologie*

01 Forschungseinrichtung
02 Sitz und Anschrift
03 Forscher oder Forschergruppe
04 Forschungsvorhaben
05 Untersuchungsmaterial
06 Räumliche Unterbringung
07 a) Wissenschaftliche Mitarbeiter
b) Technische Hilfskräfte
X ständig
XX nicht ständig
08 Interdisziplinäre Zusammenarbeit
09 Finanzierende Stelle
10 Lehrveranstaltungen
11 Publikationen

---

* Für die Bestandsaufnahme wurden die Angaben der Institute/Institutionen aus einer Erhebung 1971/1972 übernommen.

# *Experimentelle Gerontologie*

## Technische Hochschule Aachen

01 Klinisch-Chemisches Institut
(Klinisch-Chemisches Zentrallaboratorium)

02 51 Aachen
Goethestraße 27/29

03 Prof. Dr. Dr. H. Greiling

04 Altersabhängigkeit der Struktur, Biosynthese und Abbau der Proteoglykane

05 Ratten, Mäuse, postmortal entnommener Knorpel

06 Klinisch-Chemisches Zentrallaboratorium

07 a) X 4 XX 2
b) X 4 XX –

08 Pathologisches Institut

09 Technische Hochschule Aachen
Deutsche Forschungsgemeinschaft

10 –

11 GREILING, H.: Kohlenhydratstoffwechsel bei chronischen Gelenkerkrankungen. In: H. Barthelheimer, W. G. Heyde, W. Thorn (Hrsg.), D-Glucose und verwandte Verbindungen in Medizin und Biologie. Stuttgart 1966, 838–850

–, Die Struktur und Altersabhängigkeit der Proteoglykane des humanen Kniegelenkknorpels. In: J. Lindner, J. R. Rüttner, P. A. Miescher, E. Wilhelmi (Hrsg.), Arthritis-Arthrose. Bern/Stuttgart/Wien 1971, 476–480

GREILING, H. / KISTERS, R. / EBERHARD, A. / STUHLSATZ, H. W.: The role of lysosomal enzymes in joint cartilage destruction with joint diseases. In: W. Müller, H.-G. Harwerth, K. Fehr (Hrsg.), International symposium on rheumatoid arthritis, Basel 1971. Rheumatoid arthritis; pathogenetic mechanisms and consequences in therapeutics. London/New York (Academic Press) 1971, 173–176

GREILING, H. / KISTERS, R. / HEINDL, W. / STUHLSATZ, H. W.: Inhibition of the biosynthesis of collagen, proteoglycans and glycoproteins by immunosuppressive and anti-inflammatory drugs. In: W. Müller, H.-G. Harwerth, K. Fehr (Hrsg.), International symposium on rheumatoid arthritis, Basel 1971. Rheumatoid arthritis; pathogenetic mechanisms and consequences in therapeutics. London/New York (Academic Press) 1971, 683–688

GREILING, H. / STUHLSATZ, H. W. / KISTERS, R.: Struktur und Stoffwechsel von Glykosaminoglykan-Proteinen des humanen Kniegelenkknorpels. In: Proc. Symposium on Biochemistry and Physiology of Connective Tissue. Prag 1969, 196

–, Structure and metabolism of proteokeratan sulfat. In: E. A. Balazs (Hrsg.), Chemistry and moleculare biology of the intercellular matrix. Vol. II. London/New York (Academic Press) 1970, 873

GREILING, H. / STUHLSATZ, H. W. / KISTERS, R. / EBERHARD, A.: Struktur und Altersabhängigkeit der Proteoglykane des humanen Kniegelenkknorpels. In: D. Platt, H.-G. Lasch (Hrsg.), Molekulare und zelluläre Aspekte des Alterns. Stuttgart/New York 1971, 85–90, Diskussion 91–96

STUHLSATZ, H. W. / GREILING, H.: Mucopolysaccharidverteilung im menschlichen Kniegelenkknorpel. In: Enzymologia biologica et clinica, Bd. 6. Basel 1966, 247 (D 44)

## Freie Universität Berlin

01 Medizinische Klinik und Poliklinik
Stoffwechsel-Abteilung

02 1 Berlin 19
Spandauer Damm 130

03 Prof. Dr. A. Ruiz-Torres

04 Dynamik des Kollagen während des Wachstums und bei der Alterung unter normalen und krankhaften Bedingungen

Aufschlüsselung der laufenden Arbeiten:

Intermediärstoffwechsel des Prolin in Abhängigkeit vom Alter

Beeinflussung der Hydroxyprolinsynthese durch Wachstumshormon und Anabolika in Anwesenheit der Kollagennexe und nach Behandlung mit derselben

Studium der Altersabhängigkeit des Quervernetzungsvorganges. Aldehyd- und Hydroxylysingehalt des Kollagen in Abhängigkeit vom Alter

Syntheseraten von Hydroxyprolin bei kollagenisierenden Vorgängen. Beitrag zur Frage der Entstehung von Organfibrosen

05 Ratten, Mäuse, Leichenmaterial

06 Ungenügend

07 a) X 1 XX 4
b) X 3 XX –

08 Pharmazeutischer Bereich

09 Freie Universität Berlin

10 Sporadische Kolloquien zum obigen Thema

11 RUIZ-TORRES, A.: Wachstum des Ascitestumors der Maus bei Aminoacetonitril-Lathyrismus. In: Zschr. f. d. ges. exp. Med., Bd. 136, *5*. Berlin 1962/63, 532–534

–, Das thyreohypophysäre Syndrom im Tierexperiment. Klinische Bedeutung des Osteolathyrismus. In: Med. Klinik, Bd. 59, *34*. München 1964, 1337–1341

–, Endokrinologische Probleme des experimentellen Lathyrismus unter besonderer Berücksichtigung der Hypothyreose nach Aminoacetonitril. In: Proc. Intern. Congr. of Nutrition, Vol. VI. Edinburgh 1964, 591–592
–, Schilddrüsenfunktion und Kreatinstoffwechsel. In: Verh. d. Dt. Ges. f. innere Med., Bd. 70. München 1964, 924–927
–, Die hormonelle Beeinflussung des Kreatinstoffwechsels unter besonderer Berücksichtigung des Anabolismus und Katabolismus. In: Zschr. f. d. ges. exp. Med., B. 147, *1*. Berlin 1968, 7–22
–, Über den Mechanismus der Penicillaminwirkung auf den Kollagenstoffwechsel. In: Arzneimittelforschung, Bd. 18. Aulendorf 1968, 594–597
–, Wirkung der chronischen Penicillaminverabfolgung auf das Kollagen. In: Verh. d. Dt. Ges. f. innere Med., Bd. 74. München 1968, 597–600
–, Hydroxyprolineccontent of collagen. Total body collagen in relation to age. In: Proc. Symposium on Biochemistry and Physiology of Connective Tissue. Prag 1969
–, Klinische Bedeutung der Bestimmung der Hydroxyprolinurie. In: Med. Welt, *40*. Stuttgart 1969, 2176–2180
–, Die Alterung aus der Sicht des Kollagenstoffwechsels. In: Zschr. f. Gerontol., Bd. 3. Darmstadt 1970, 302–306
–, Hormonelle Beeinflussung des Kollagenstoffwechsels: Wirkung von Prednisolon und Methylandrostenolon bei der gesunden Ratte. In: Zschr. f. Rheumaforschung, Bd. 29, *9/10*. Darmstadt 1970, 269–275
–, Dynamik des Kollagen bei der Leberschädigung durch Tetrachlorkohlenstoff. In: Zschr. f. d. ges. exp. Med., Bd. 154. Berlin 1971, 198–207
–, Stoffwechsel und Dynamik des Kollagen in Abhängigkeit vom Alter. In: D. Platt, H.-G. Lasch (Hrsg.), Molekulare und zelluläre Aspekte des Alterns. Stuttgart/New York 1971, 19–25, Diskussion 27–30
–, Zur Biochemie des Wachstums und der Alterung unter besonderer Berücksichtigung des Kollagen (wird demnächst veröffentlicht)
RUIZ-TORRES, A. / KÜRTEN, I.: Der Einbau von radioaktivem Prolin. Problematik der Ergebnisdeutung bei den Untersuchungen (wird demnächst veröffentlicht)
RUIZ-TORRES, A. / KÜRTEN, I. / WINKELMANN, F.: Die Wirkung von D-Penicillamin auf die Kollagenisierung der Leber mit $CCl_4$ chronisch vergifteten Ratten. In: Arzneimittelforschung, Bd. 22, *1*. Aulendorf 1972, 120–122
RUIZ- TORRES, A. / OEFF, K.: Beitrag zum Problem der Pathogenese der experimentellen Kollagenkrankheit (Lathyrismus). In: Zschr. f. d. ges. exp. Med., Bd. 137, *6*. Berlin 1963, 607–608
–, Umsatz und Verteilung des Schilddrüsenhormons Trijodthyronin beim Rattenlathyrismus. In: Intern. Congress of Internal Medicine, Vol. VII. Stuttgart 1963, 694–699
–, Hemmung der Glycinaufnahme in Ascites-(Ehrlich-)Turmorzellen durch Aminoacetonitril. In: Naturwissenschaften, Bd. 51,*2*. Berlin 1964, 43–44
RUIZ-TORRES, A. / SCHLICHT, I. / CELIK, M.: Hormonelle Beeinflussung des Kollagenstoffwechsels. In: Verh. d. Dt. Ges. f. innere Med., Bd. 71. München 1965, 339–342

## Universität Bonn

01 Abteilung Biochemie des Auges
des Klinischen Instituts für experimentelle Ophthalmologie

02 53 Bonn-Venusberg
Abbestraße 2

03 Prof. Dr. O. Hockwin

04 Biochemie der Augenlinse

Experimentelle Untersuchungen zur Genese der Kataraktentstehung

Biochemie der Cataracta senilis des Menschen – Abhängigkeit der Linsenbiochemie vom Lebensalter

05 Augen von Schlachthoftieren, Ratten, Meerschweinchen, Kaninchen; menschliche Augenlinsen aus Operationsgut der Universitäts-Augenklinik oder der Klinischen Abteilung des Instituts

06 Institut

07 a) X 3 XX 2
b) X 6 XX 6–8 stud. Mitarbeiter

08 Institut der Universität Bonn: Biophysik, Anatomie, Pharmakologie, Organische Chemie

09 Universität Bonn

10 Vorlesung « Biochemie des Auges »
Vorlesung u. Seminar « Experimentelle Ophthalmologie »

11 ca. 150 Publikationen über « Altersabhängigkeit der Linsenbiochemie »

Eine Zusammenfassung: Age changes of lens metabolism. In: Altern und Entwicklung, Bd. 1. Stuttgart/New York 1971

## Universität Bonn

01 Institut für Physiologische Chemie

02 53 Bonn
Nußallee 11

03 Prof. Dr. F. Zilliken

04 Einfluß der Polyamine auf DNS, RNS, Proteinbiosynthese und Wachstum von jungen Säugetieren

Altersabhängige Veränderungen der Kohlenhydratstrukturen am Trabekelwerk des menschlichen Auges. Ein Beitrag zur Biochemie des Glaukoms

Der Vitamin-$B_6$-Mangel des alternden Menschen und dessen Folgen für Stoffwechselanomalien, Aminosäuren und Sphingolipide

Altersbedingte morphologische und biochemische Veränderungen des Zentralen- und peripheren Nervensystems (vgl. auch 08)

05 Mäuse, Hühnerembryone, Meerschweinchen

06 Institut für Physiologische Chemie

07 –

08 Anatomisches Institut der Universität Marburg
Biochemisches Institut der Universität Bonn

09 Deutsche Forschungsgemeinschaft
Bundesministerium für Bildung und Wissenschaft

10 –

11 AZIZIEH, N. / SANGUANSERMSRI, J. / ZILLIKEN, F.: Resorption und Stoffwechsel der Polyamine in jungen und alten Ratten (in Vorbereitung)

SANGUANSERMSRI, J.: Polyamines in cows and human milk during early lactation. Diss. math. nat., Bonn 1972

ZILLIKEN, F.: Der Polyamin-, DNS-, RNS- und Protein-Gehalt der Frauenmilch in Abhängigkeit von der Länge der Stillperiode. In: Journal of clinical nutrition. Tokyo (im Druck)

ZILLIKEN, F. / ABDALLAH, K.: The polyamines. Stuttgart (in Vorbereitung)

ZILLIKEN, F. / SANGUANSERMSRI, J.: Altersabhängige Polyaminmuster im Zentralnervensystem der Maus (in Vorbereitung)

## Universität Erlangen-Nürnberg

01 Pharmakologisches Institut

02 852 Erlangen
Universitätsstraße 22

03 Prof. Dr. F. Heim

04 Altersabhängige Wirkung von Arzneimitteln und Giften auf Stoffwechselprozesse

05 Ratten, Mäuse

06 Pharmakologisches Institut

07 a) X – XX 1
b) X – XX 1

08 –

09 Universität

10 –

11 AMMON, H. P. T. / ESTLER, C.-J.: Der Einfluß des Alters bei den Wirkungen des Coffeins auf Funktion und Stoffwechsel des Herzens. In: Arzneimittelforschung, Bd. 20, *4*. Aulendorf 1970, 471–473

–, Die Altersabhängigkeit der Coffeinwirkung auf Funktion und Stoffwechsel des Herzens. In: Veröff. d. Dt. Ges. f. Gerontol., Bd. 4. Darmstadt 1970

AMMON, H. P. T. / SCHUBERT, E.: Über den Einfluß des Lebensalters auf die Mobilisierung von Kohlenhydraten und Fett bei Mäusen. In: act. gerontol., Bd. 1, *2*. Stuttgart 1971

AMMON, H. P. T. / SCHUBERT, E. / HEIM, F.: Der altersabhängige Einfluß von Nahrungsentzug und Adrenalin auf den Energie-, Kohlenhydrat- und Fettstoffwechsel weißer Mäuse. In: D. Platt / H.-G. Lasch (Hrsg.), Molekulare und zelluläre Aspekte des Alterns. Stuttgart/New York 1971, 203–210, Dikussion 211–215

ESTLER, C.-J.: Die Altersabhängigkeit der Wirkung von ACTH und Äthanol auf den Kohlenhydrat- und Fettstoffwechsel der Leber. In: D. Platt, H.-G. Lasch (Hrsg.), Molekulare und zelluläre Aspekte des Alterns. Stuttgart/New York 1971, 147–153, Diskussion 155–156

–, Efficiency of thermoregulation in acutely cold-exposed young and old mice. In: Life sciences, Vol. X, *22*. Oxford 1971, 1291–1298

–, Kälte-induzierte Änderungen des Energiestoffwechsels in Abhängigkeit vom Alter. In: act. gerontol., Bd. 1, *11*. Stuttgart 1971

ESTLER, C.-J. / HEIM, F.: The effect of ethanol on liver glycogen and triglycerides and on blood glucose and serum free fatty acids as function of age. In: Archives inernationales de pharmacodynamie et de thérapie, Vol. 196, *2*. Gand 1972, 309–315

HEIM, F.: Pharmakologische Grundlagen der Behandlung des Altersherzens. In: Veröff. d. Dt. Ges. f. Gerontol., Bd. 4. Darmstadt 1970

–, Der altersabhängige Einfluß von Testosteron auf die DNS-, RNS-, Protein- und Zellneubildung in Leber und Nieren, Samenblase und Musculus levator ani. In: D. Platt, H.-G. Lasch (Hrsg.), Molekulare und zelluläre Aspekte des Alterns. Stuttgart/New York 1971, 135–140, Diskussion 141–143

## Universität Freiburg

01 Pathologisches Institut

02 78 Freiburg/Breisgau
Albertstraße 19

03 Prof. Dr. W. Sandritter

04 DNS-Veränderungen in der Leber

05 Alte Ratten

06 Pathologisches Institut

07 a) X – XX 1
b) X – XX 1

08 –

09 Universität Freiburg

10 –

11 SPRENGER, E.: Histochemisch faßbare Veränderungen am Nucleoproteid-Komplex alter Tiere. In: D. Platt, H.-G. Lasch (Hrsg.), Molekulare und zelluläre Aspekte des Alterns. Stuttgart/New York 1971, 129–131, Diskussion 133

SPRENGER, E. / BÖHM, N. / SCHADEN, M. / SANDRITTER, W.: Zur Kinetik der Feulgen-Hydrolyse bei Zellen junger und alter Ratten. In: Beitr. z. Pathologie, Bd. 143, *1*. Stuttgart 1971, 59–69



## Universität Gießen

01 Medizinische Unversitätsklinik

02 63 Gießen
Klinikstraße 32b

03 Prof. Dr. D. Platt

04 Kataboler Mucopolysaccharid-Stoffwechsel und Alter
Einfluß von Alter und Pharmaka auf das Aktivitätsverhalten lysosomaler Enzyme
Wechselwirkungen subzellulärer Partikel in Abhängigkeit vom Alter

05 Ratten, Kaninchen

06 Medizinische Universitätsklinik (Labor)

07 a) X – XX –
b) X – XX –

08 Ernährungswissenschaftliches Institut
Orthopädische Universitätsklinik
Veterinär-Pharmakologisches Institut
Veterinär-Anatomisches Institut
der Universität Gießen

09 Bis 1971 Deutsche Forschungsgemeinschaft

10 Klinik und Pathophysiologie des Alterns

11 PLATT, D.: Altersabhängige Aktivitätsänderungen lysosomaler Enzyme (Glycosaminoglycano-Hydrolasen) in Serum und Organen des Menschen. In: Dt. med. Wschr., Bd. 95, *12*. Stuttgart 1970, 634–637

–, Biochemische Aspekte zum Altern der Interzellularsubstanz. In: act. gerontol., Bd. 1. Stuttgart 1971, 81

PLATT, D. / CHRIST, M.: Aktivitätsmessungen lysosomaler Enzyme in Leber und Niere der Ratte – in Abhängigkeit vom Alter der Tiere. In: act. gerontol., Bd. 1. Stuttgart 1971, 653

PLATT, D. / DORN, M.: Glykosaminoglykanohydrolasen im menschlichen Rippen- und Kniegelenkknorpel. In: Zschr. f. d. ges. exp. Med., Bd. 147. Berlin 1968, 253–263

PLATT, D. / KATZENMEIER, U.: Untersuchungen zur Frage der Induzierbarkeit lysosomaler Enzyme der Rattenleber durch Phenobarbital. In: Arzneimittelforschung, Bd. 20, 2. Aulendorf 1970, 258–261

PLATT, D. / LASCH, H.-G. (Hrsg.): Molekulare und zelluläre Aspekte des Alterns. 1. Gießener Symposion über experimentelle Gerontologie, 12./13. 3. 1971. Stuttgart/New York 1971

PLATT, D. / LEINWEBER, B. / PAULI, H. / SCHELD, H.: Morphologische Veränderungen der Rattenleber nach Gabe von 1-Naphthyl-Isothiocyanat und D-Galactosamin-HCl – in Abhängigkeit vom Alter der Tiere. In: act. gerontol., Bd. 1. Stuttgart 1971, 323

PLATT, D. / LUBOEINSKI, H.-P.: Der katabole Mucopolysaccharid-Stoffwechsel der menschlichen Aortenwand in Abhängigkeit vom Alter. In: Zschr. f. Gerontol., Bd. 2. Darmstadt 1969, 17

–, The activities of glycosaminoglycan hydrolases of normal and atherosclerotic human aorta. In: Angiologica, Bd. 6. Basel 1969, 19–31

PLATT, D. / PAULI, H.: Altersabhängige Aktivitätsänderungen einer Peptidyl-Peptid-Hydrolase der Rattenleber nach Gabe von 1-Naphthyl-Isothiocyanat. In: act. gerontol., Bd. 1. Stuttgart 1971, 397

–, Age dependant determination of lysosomal enzymes in the liver of spironolactone and aldosterone pretreated rats. In: Experimental gerontology, Vol. VII. Oxford 1972, 1–7

PLATT, D. / PERNICE, D.: Untersuchungen zum katabolen Mucopolysaccharid-Stoffwechsel peripherer Gefäße in Abhängigkeit von Alter und Arteriosklerose. In: Zschr. f. Gerontol., Bd. 2. Darmstadt 1969, 150

PLATT, D. / SCHELD, H.: Aktivitätsnachweis einer Peptidyl-Peptid-Hydrolase in der Galactosamingeschädigten Rattenleber – in Abhängigkeit vom Alter der Tiere. In: Zschr. f. Gerontol., Bd. 4. Darmstadt 1971, 134

PLATT, D. / SCHNORR, B.: Biochemische und elektronenmikroskopische Untersuchungen an normalen und arteriosklerotisch veränderten menschlichen Aorten. In: Klin. Wschr., Bd. 47, *18*. Berlin 1969, 991–999

## Universität Göttingen

01 Pathologisches Institut

02 34 Göttingen
Goßler Straße 10

03 Prof. Dr. A. J. Linzbach

04 Altersabhängige strukturelle und funktionelle Veränderungen des menschlichen Herzens

05 Keine Tierexperimente, sondern einheitliche Registrierung der klinischen und morphologischen Befunde an großem menschlichen Untersuchungsgut (5–10 Jahre)

11 LINZBACH, A. J.: Das Altern des menschlichen Herzens. In: H.-W. Altmann u. a., Hdb. d. allg. Pathologie, Bd. 6, T. 4. Berlin 1972, 369–428

## Universität Hamburg

01 Pathologisches Institut
Abteilung Experimentelle und Molekularpathologie

02 2 Hamburg 20
Martinistraße 52

03 Prof. Dr. J. Lindner

04 Experimentelle Alternsforschung am Bindegewebe mit morphologischen, biochemischen und radiochemischen Methoden (Zell-Proteoglykon- und Kollagen-Umsatz)

05 Kaninchen, Meerschweinchen, Ratten, Mäuse, Hühner sowie menschliches (bioptisches und autoptisches) Material

06 Instituts-Laborräume

07 a) X 3 XX 3
b) X 4 XX 2

08 Physiologische Chemie, Pharmakologie, Innere Medizin, Dermatologie

09 Universität Hamburg
Industrie

10 Probleme der Alternsforschung werden in Haupt- und Nebenvorlesungen berücksichtigt

11 Insgesamt über 200 wissenschaftliche Publikationen zumeist über Bindegewebe-Grundlagenforschung, davon z. T. Berücksichtigung der Alterung

## Universität Hamburg

01 Physiologisch-Chemisches Institut

02 2 Hamburg 20
Martinistraße 52

03 Prof. Dr. H. Hilz

04 Fehlerhafte Proteinmoleküle und der Prozeß von Abbau und Tod

05 Inzucht-Mäuse, Gewebekulturen

06 Physiologisch-Chemisches Institut

07 a) X 1 XX –
b) X 2 XX –

08 mit ausländischem, immunologisch-orientiertem Team

09 Antrag bei Deutscher Forschungsgemeinschaft

## Universität Heidelberg

01 Pathologisches Institut

02 69 Heidelberg
Berliner Straße 5

03 Priv.-Doz. Dr. Th. Nemetschek
Arbeitsgruppe für Ultrastrukturforschung

04 Altersabhängige Abläufe an Skleroproteinen

05 Ratten und menschliches Operationsmaterial

06 Pathologisches Institut

07 a) X 1 XX 1
b) X 2 XX –

08 Fritz-Haber-Institut der Max-Planck-Gesellschaft (Prof. Dr. R. Hosemann)

09 Universität Heidelberg
Deutsche Forschungsgemeinschaft

10 Ausgewählte Kapitel aus der Elektronenmikroskopie, Experimentelle Gerontologie; zur Pathologie des Bindegewebes

11 Heilmann, K. / Nemetschek, Th. / Völkl, A.: Das Ehlers-Danlos-Syndrom aus morphologischer und chemischer Sicht. In: Virchows Archiv, Abt. 4, Pathologische Anatomie, Bd. 354. Berlin 1971, 268–284

Nemetschek, Th.: Altersbedingte Veränderungen am Kollagen. In: Verh. d. Dt. Ges. f. Pathologie, Bd. 52, Vortr. 35. Stuttgart 1968, 327–331, Aussprache 331–333

–, Altersabhängige Abläufe am Kollagen. In: G. Beneke, Altersabhängige Veränderungen des Kollagens und der Bindegewebszellen / Th. Nemetschek, Altersabhängige Abläufe am Kollagen. (Altern und Entwicklung, 3.) Stuttgart 1971, 38–68

–, Ist die Alterung der Skleroproteine unerwünscht? In: Zschr. f. Gerontol., Bd. 4. Darmstadt 1971, 328

## Universität Mainz



01 Pathologisch-Anatomisches Institut

02 65 Mainz
Reisinger Weg 3–5

03 Prof. Dr. H. Bredt
Prof. Dr. R. Bässler
Dr. P. Höhn
Dr. A. Schaefer

04 Morphologische, biochemische und in vitro Studien über die Elementarvorgänge bei der Zelldifferenzierung und Zellalterung

05 Affen, Ratten, Iridektomien

06 Pathologisch-Anatomisches Institut

07 a) X – XX –
b) X – XX –

08 Gemeinschaftsprojekt mit der Arbeitsgruppe Prof. Rohen / Prof. Schachtschabel, Universität Marburg (Anatomisches und Physiologisch-Chemisches Institut II der Universität)

09 Stiftung Volkswagenwerk

11 BÄSSLER, R. / BILDEN, J. / LANGE, H. J.: Morphologische Untersuchungen über den Strukturwandel der menschlichen Zunge. In: act. gerontol., Bd. 1. Stuttgart 1971, 29

HÖHN, P. / SCHAEFER, A.: Verteilungsmuster von Enzymaktivitäten im Darm der Ratte in verschiedenen Lebensabschnitten – Ein Beitrag zum Problem der Biomorphose. In: act. gerontol., Bd. 2. Stuttgart 1972, 331–343

LÖHR, J.: ACTH-induzierter Strukturwandel des Nucleoproteinkomplexes von Leberzellkernen junger und alter Ratten. In: Gerontologia, Bd. 18. Basel 1972, 113–121

–, Zytophotometrische Untersuchungen über altersabhängige Veränderungen am Nucleoproteid von Leberzellen. In: Vortr. d. Jahrestagung d. Dt. Ges. f. Gerontol., Nürnberg 24. 6. 1972. Veröff. d. Dt. Ges. f. Gerontol. Darmstadt

LÖHR, J. / HEIMER, D.: Zytophotometrische Untersuchungen über altersabhängige Strukturveränderungen am Nucleoproteinkomplex von Leberzellenkernen. In: Gerontologia, Bd. 18. Basel 1972, 122–130

–, Mikrofluoromatische Bestimmung der freien DNS-$PO_4$-Gruppen im Chromatin menschlicher Leberzellkerne in Abhängigkeit vom Lebensalter. In: act. gerontol. Stuttgart 1972 (im Druck)

SCHAEFER, A. / HÖHN, P.: Elektronenmikroskopische und enzymhistochemische Untersuchungen zur Differenzierung der Stoffwechselfunktionen des Darmes neugeborener Ratten. In: Intern. Symposion über «Zellalterung und Zelldifferenzierung», 29.–31. 10. 1971 in Mainz. Mainz: Akademie der Wissenschaften 1971

SCHAEFER, A. / HÖHN, P.: Vergleichende histochemische Untersuchungen über das Verteilungsmuster von oxydativen und hydrolytischen Enzymen in der Darmschleimhaut neugeborener und adulter Ratten. In: Verh. d. Dt. Ges. f. Pathologie, Bd. 55, Vortr. 47. Stuttgart 1971, 438–444

## Universität Mainz

01 Physiologisches Institut

02 65 Mainz
Saarstraße 21

03 Prof. Dr. Dr. G. Thews
Arbeitsgruppe: Lungenfunktionsdiagnostik am Physiologischen Institut

04 Atmungsfunktion der Alterslunge

05 Menschen

06 Physiologisches Institut

07 a) X – XX 2
b) X – XX 1

08 2. Medizinische Klinik der Universität

09 Universität Mainz

## Universität Marburg

01 Anatomisches Institut

02 355 Marburg/Lahn
Robert-Koch-Straße 6

03 Prof. Dr. J. W. Rohen

04 Altersveränderungen an Geweben des Sehapparates und Darmsystems (morphologische Methoden)

05 Ratten, Affen (Saimiri, Cercopthecus) und menschliches Material

06 Anatomisches Institut

07 a) X 1 XX –
b) X 2 XX –

08 Biochemisches Institut der Universität Bonn
Anatomisches Institut der Universität Bonn
Pathologisches Institut der Universität Mainz

09 Stiftung Volkswagenwerk

10 –

11 Red. Schriftenreihe der Akademie der Wissenschaften und der Literatur Mainz* «Altern und Entwicklung / Aging and Development», hrsg. v. d. Kommission für Alternsforschung und der Kommission für Humanforschung in der Akademie der Wissenschaften und der Literatur Mainz. Stuttgart/New York 1971 ff.

## Universität Marburg

01 Klinisch-Chemisches Labor, Nervenklinik

02 355 Marburg/Lahn
Ortenbergstraße 8

03 Prof. Dr. T. O. Kleine

04 Bindegewebs- und Muskelforschung

05 Kälberrippenknorpel, menschliche Muskulatur

06 Gut

07 a) X (Mittel: 26 000 DM) XX (Mittel: 10 000 DM)
b) X (Mittel: 24 000 DM) XX –

08 –

09 Deutsche Forschungsgemeinschaft

10 Haus-Colloquium

11 Kleine, T. O.: Biochemie des Gedächtnisses. In: Der Nervenarzt, Bd. 42. Berlin 1971, 185–193
–, Biochemie des Gedächtnisses. In: Chemie für Labor und Betrieb, Bd. 22. Frankfurt 1971, 385–391
–, Enzymmuster im Gehirn eines epileptischen Rattenstammes im Vergleich zu solchen menschlicher Epileptiker. Vortr. – gehalten auf der Haustagung der Universitäts-Nervenklinik Marburg. Marburg 1971
–, Enzym pattern in different parts of the epileptic rats (für 1972 vorgesehen)

---

* Vgl. auch S. 72.

## Universität Münster

01 Institut für Physiologische Chemie

02 44 Münster
Waldeyer Straße 15

03 Prof. Dr. E. Buddecke

04 Biochemische Altersveränderungen des Arteriengewebes und Knorpelgewebes; Mesenchymstoffwechsel *

05 Arteriengewebe Sektionsgut, Rind (Schlachthofmaterial)

06 Gut

07 a) X – XX 1
b) X – XX 2

08 Elektronenmikroskopie

09 Universität Münster

10 –

11 BUDDECKE, E. / SAMES, K.: Biochemische Altersveränderungen der Proteoglykane des Knorpelgewebes. In: D. Platt, H.-G. Lasch (Hrsg.), Molekulare und zelluläre Aspekte des Alterns. Stuttgart/New York 1971, 69–77

BUDDECKE, E. / SZIEGOLEIT, M.: Isolierung, chemische Zusammensetzung und altersabhängige Verteilung von Mucopolydacchariden menschlicher Zwischenwirbelscheiben. In: Hoppe-Seyler's Zschr. f. physiol. Chem., Bd. 337. Berlin 1964, 66–78

BUDDECKE, E. / WOLLENSAK, J.: Saure Mucopolysaccharide und Glykoproteine der menschlichen Cornea in Abhängigkeit vom Lebensalter und bei Keratoconus. In: Albrecht von Graefe's Archiv f. klin. u. exp. Ophthalmologie, Bd. 171,2. Berlin 1966/67, 105–120

KRESSE, H. / BUDDECKE, E.: Veränderungen in der Aktivität Chondroitinsulfat-Protein abbauender Enzyme (Glykosaminoglykanohydrolasen und Peptidhydrolasen) des Arteriengewebes im Alter und bei Arteriosklerose. In: Zschr. f. klin. Chem., Bd. 6, 4. Berlin 1968, 251–256

KRÖZ, W. / BUDDECKE, E.: Makromolekulare Polysaccharid-Proteine, II. chemische und makromolekulare Altersveränderungen von Polysaccharid-Proteinen aus menschlichem Rippenknorpel. In: Hoppe-Seyler's Zschr. f. physiol. Chem., Bd. 348. Berlin 1967, 665–674

---

* Nach Fertigstellung des Manuskripts wurde bekannt, daß an der Universität Münster inzwischen von der Deutschen Forschungsgemeinschaft der Sonderforschungsbereich 104 « Mesenchymforschung » eingerichtet wurde.

## Universität Münster

01 Medizinische Klinik und Poliklinik

02 44 Münster
Westring 3

03 Prof. Dr. U. Gerlach

04 Isoenzyme in den Aorten von Ratten verschiedenen Alters

05 Ratten

06 Medizinische Klinik und Poliklinik (Chemisches Laboratorium)

07 a) X 2 XX –
b) X 2 XX –

08 Physiologisch-Chemisches Institut der Universität Münster

09 Universität Münster

10 –

11 Ergebnisse im Druck

## Universität Ulm

01 Abteilung Pathologie II
des Zentrums für Biologie und Theoretische Medizin

02 29 Ulm/Donau
Oberer Eselsberg

03 Prof. Dr. G. Beneke

04 Altersabhängige Veränderungen des Kollagens und der Bindegewebszellen

05 Ratten

06 Abteilung Pathologie II

09 Universität Ulm
Deutsche Forschungsgemeinschaft

11 BENEKE, G. / ERVIG, K. / SCHMITT, W.: Polyploidisierung und Heterochromatisierung von Sehnenzellkernen in Abhängigkeit vom Lebensalter. In: Beitr. z. Pathologie, Bd. 141, *1*. Stuttgart 1970, 19–32

BENEKE, G. / FEIGEL, H. W. / MOHR, W.: Die Reaktion des parietalen Peritoneums der Ratte in Abhängigkeit vom Lebensalter. In: Gerontologia, Bd. 16. Basel 1970, 283–303

BENEKE, G. / GOUBEAUD, G. / SCHMITT, W.: Altersabhängige Veränderungen des Nichtkollagenproteins in der Interzellularsubstanz des hyalinen Knorpels. In: Zschr. f.Erontol., Bd. 2. Darmstadt 1969, 277

Beneke, G. / Sandritter, W. / Schmitt, W. / Kulka, R.: Altersveränderungen menschlicher Herzklappen. In: Med. Welt, Bd. 31. Stuttgart 1967, 1795–1802

Beneke, G. / Schmitt, W.: Die Amyloidose des Herzens mit besonderer Berücksichtigung der Altersamyloidose. In: Veröff. d. Dt. Ges. f. Gerontol., Bd. 4. Darmstadt 1970, 180

–, Veränderungen der Bindegewebsproliferation in Abhängigkeit vom Lebensalter. In: act. gerontol., Bd. 1, 2. Stuttgart 1971, 69–80

## Universität Würzburg

01 Institut für Hygiene und Mikrobiologie

02 87 Würzburg
Josef-Schneider-Straße 2

03 Prof. Dr. H. Finger

04 Die Kinetik der immunologischen Gedächtnisreaktion
Die Wirkungsweise immunologischer Adjuvantien

05 Mäuse

06 Ausreichend

07 a) X – XX –
b) X (Mittel: jährl. ca. 35 000 DM) XX –

08 Arbeitsgruppe Professor Beneke, Ulm (Abteilung Pathologie II)

09 Universität Würzburg
Deutsche Forschungsgemeinschaft

10 –

11 Beneke, G. / Emmerling, P. / Finger, H. / Bertz, R.: Die Kinetik der primären Immunantwort bei der Maus in Abhängigkeit vom Lebensalter. In: Zschr. f. Gerontol. Darmstadt (im Druck)

Emmerling, P. / Finger, H. / Bertz, R.: Non-appearance of splenomegaly after injection of killed Bordetella pertussis cells into aged mice. In: Experientia, Bd. 27. Basel 1971, 1216–1217

Finger, H. / Beneke, G. / Emmerling, P. / Bertz, R. / Plager, L.: Secondary antibody-forming potential of aged mice, with special reference to the influence of adjuvant on priming. In: Gerontologia, Bd. 18. Basel 1972, 63–95

Finger, H. / Emmerling, P. / Bertz, R.: The reactivity of aged mice to Bordetella pertussis as an immunological adjuvant. In: Gerontologia, Bd. 17. Basel 1971, 323–332

## Universität Würzburg

Experimentelle Gerontologie

01 Pathologisches Institut

02 87 Würzburg
Luitpoldkrankenhaus

03 Prof. Dr. E. Stöcker
Dr. W.-D. Heine
Dr. H. Wullstein

04 Organ- und Gewebsregeneration unter normalen und pathologischen Bedingungen sowie in Abhängigkeit vom Alter

05 Ratten

06 Pathologisches Institut

07 a) X – XX 1
b) X – XX 2

08 Geplant mit Institut für Hygiene und Mikrobiologie der Universität Würzburg (Prof. Dr. H. Finger)

09 Universität Würzburg
Deutsche Forschungsgemeinschaft

10 –

11 HEINE, W.-D. / STÖCKER, E.: Autoradiographische Untersuchungen zum Proliferationsmodus der Leber alter Ratten. In: Acta histochemica, Suppl. 8. Jena 1968, 305–314

KLINGE, O. / STÖCKER, E.: Die DNS-Synthese im Rattenherzen als Funktion des Lebensalters. Autoradiographische Untersuchungen mit $^{3}$H-Thymidin. In: Experientia, Bd. 24. Basel 1968, 167–168

STÖCKER, E.: Autoradiographische Untersuchungen zum zellulären Proliferationswechsel im Parenchym von Leber und Niere der Ratte. In: Acta histochemica, Suppl. 8. Jena 1968, 205–229

–, Altersabhängige Zellproliferationskinetik und Regenerationskapazität im Leberepithel der Ratte. In: Acta gerontologica, Bd. 1. Milano 1971, 659–665

–, Regenerationskapazität und Zellneubildungsmechanismus in der Rattenleber. In: Saarl. Ärztebl., Bd. 24. Saarbrücken 1971, 95–101

STÖCKER, E. / BUTTER, D.: Die DNS-Synthese in Leber und Niere junger Ratten. Autoradiographische Untersuchungen mit $^{3}$H-Thymidin. In: Experientia, Bd. 24. Basel 1968, 704–705

STÖCKER, E. / HEINE, W.-D.: Proliferation und Regeneration in Leber und Niere der juventilen Ratte. In: Verh. d. Dt. Ges. f. Pathologie, Bd. 55, Vortr. 56. Stuttgart 1971, 483–487, Diskussion 488

–, Regeneration of liver parenchyma under normal and pathological conditions. In: Beitr. z. Pathologie, Bd. 144. Stuttgart 1971, 400–408

STÖCKER, E. / HEINE, W.-D. / LÖFFLER, F.-J.: Zur Zellproliferation im Hypophysenvorderlappen während der Leber- und Nierenregeneration. In: Verh. d. Dt. Ges. f. Pathologie, Bd. 53, Vortr. 62. Stuttgart 1969, 436–440

Stöcker, E. / Schultze, B. / Heine, W.-D. / Liebscher, H.: Wachstum und Regeneration in parenchymatösen Organen der Ratte. Autoradiographische Untersuchungen mit $^{3}$H-Thymidin. In: Zschr. f. Zellforschung u. mikroskop. Anatomie, Bd. 125. Berlin 1972, 306–331

Stöcker, E. / Teubner, E. / Rosenbusch, G.: Die DNS-Synthese als Funktion des Alters in Leber und Niere der Ratte. In: Verh. d. Dt. Ges. f. Pathologie, Bd. 48, Vortr. 37. Stuttgart 1964, 295–299

Wenzel, G. / Stöcker, E. / Heine, W.-D.: Zur Zellproliferation im exokrinen Pankreas der Ratte. Autoradiographische Untersuchungen mit $^{3}$H-Thymidin. In: Virchows Archiv, Abt. B, Zellpathologie, Bd. 10. Berlin 1972, 118–126

---

## Schlüssel zur Dokumentation (s. auch ausklappbare Falttafel S. 105)

*Klinische Geriatrie und empirische Forschung*
*Gerontopsychiatrie/Epidemiologie/Sozialmedizin*
*Psychologie*
*Soziologie*

01 Klinische Einrichtung
01.1 Abteilung für Geriatrie
01.2 Zahl der geriatrischen Betten
02 Sitz und Anschrift
03 Leiter
04 Schwerpunkt
05 Lehrveranstaltungen
06 Publikationen

# *Klinische Geriatrie und empirische Forschung*

## Augsburg

01 1. Medizinische Klinik
Krankenhauszweckverband Augsburg

01.1 –

01.2 –

02 89 Augsburg
Westkrankenhaus

03 Dr. H. Kaiser
Chefarzt der 1. Medizinischen Klinik

06 KAISER, H.: Die Behandlung verschiedener Alterskrankheiten mit Cortisonen. In: W. Doberauer (Hrsg.), Alter und Krankheit. Wien 1957 (Vortr. d. Österr. Fortbildungskurses f. Geriatrie, 1)

–, Vitamine und Hormone in der Geriatrie. In: W. Doberauer (Hrsg.), Medizinische und soziale Altersprobleme. Wien 1958 (Vortr. d. Österr. Fortbildungskurses f. Geriatrie, 2)

–, Ärztliche Probleme des Alterns. In: Lebensversicherungsmedizin, Bd. 12. Karlsruhe 1960, 1

–, Cortison bei akut bedrohlichen Erkrankungen im Alter. In: W. Doberauer (Hrsg.), Geriatrie und Praxis. Wien 1960 (Vortr. d. Österr. Fortbildungskurses f. Geriatrie, 5)

–, Hormone in der Geriatrie. In: Das dt. Gesundheitswesen, Bd. 16, *13*. Berlin 1961, *591–596*

–, Hypo- und Hyperthyreose im Alter. In: Der Landarzt, Bd. 38, *17*. Stuttgart 1962, 734–739

–, Hormone und Alter. In: Therapiewoche, Bd. 14, *16*. Karlsruhe 1964, 758–761

–, (Hrsg.): Schlafstörungen im Alter und ihre Behandlung. Symposion am 19. 3. 1966 in Oberstdorf. Stuttgart 1966

–, Schlafstörungen im Alter und ihre Behandlung. In: Dt. med. Wschr., Bd. 91, *47*. Stuttgart 1966, 2139–2143

–, Alternsveränderungen der Nebennieren und Cortisontherapie im höheren Lebensalter. In: Scriptum geriatricum 1967, Vortr. d. 11. Österr. Fortbildungskurses f. Geriatrie. Wien1967

–, Die degenerativen Erkrankungen der Schulter. In: R. Schubert (Hrsg.), Aktuelle Probleme der Geriatrie, Geropsychologie, Gerosoziologie und Altenfürsorge. Veröff. d. Dt. Ges. f. Gerontol., Bd. 3. Nürnberg 1968, Darmstadt 1969, 232

–, Le traitement de la polyarthrite rhumatoide débutant chez le sujet agé. In: Médecine et hygiène, Vol. 27. Genève 1969, 1312

–, Polymyalgia rheumatica, eine wenig bekannte entzündliche rheumatische Alterskrankheit. In: Münchner med. Wschr., Bd. 111, *32*. München 1969, 1609–1614

–, Soziale Gerontologie – die Aufgabe unserer Generation. In: Zschr. f. Gerontol., Bd. 2. Darmstadt 1969, 120

Kaiser, H.: Spezielle Probleme der Therapie im Alter beim entzündlichen Rheumatismus. In: V. Boehlau (Hrsg.), Spezielle Probleme der Therapie im Alter. 1. Bad Sodener geriatrisches Gespräch, 1./2. 5. 1969. Stuttgart 1969

–, Alternsproblem aus der Sicht der Medizin. In: G.-H. Sitzmann (Hrsg.), Lernen für das Alter. Dießen 1970

–, L'intérêt de l'apparail locomoteur en géroprophylaxie. In: 1. Cours international de gérontologie sociale. Paris 1970

–, Behandlung von Schlafstörungen im Alter. In: V. Boehlau (Hrsg.), Alter und Psychotherapie. 3. Bad Sodener geriatrisches Gespräch, 30. 4. 1971. Stuttgart 1971

–, Cortisontherapie im Alter. In: act. gerontol., Bd. 1. Stuttgart 1971, 197

–, Entzündlich-rheumatische Krankheiten im höheren Lebensalter. In: Der Landarzt, Bd. 47, *5*. Stuttgart 1971, 222–225

–, Spezielle Therapie im Alter. In: 6. Europ. Kongr. f. klin. Gerontol. Bern 1971

–, Rekonvaleszenz im Alter. In: Dt. med. Wschr., Bd. 97, *41*. Stuttgart 1972, 1573

–, Treatment of rheumatoid arthritis in old age. In: Proc. 9th Intern. Congr. of Gerontology. Kiew 1972

–, Multimorbidität im Alter durch Cortison. In: R. Schubert, A. Störmer (Hrsg.), Multimorbidität. Ref. d. 2. Symposions d. Dt. Ges. f. Gerontol., 19./20. 2. 1971 in Nürnberg. Gräfelfing 1973 (Schwerpunkte in der Geriatrie, 2)

–, La polyarthrite rhumatoide chez le sujet agé. In: Maroc médical. Casablanca (im Druck)

## Bad Soden/Taunus

01 Max-Bürger-Institut für Altersmedizin
Taunus-Sanatorium der LVA Württemberg

01.1 –

01.2 –

02 6232 Bad Soden/Taunus
Rossertstraße 11

03 Prof. Dr. V. Boehlau

04 Präventive Geriatrie
Rehabilitation

05 Vorlesungen an der Universität Frankfurt/M.
« Gerontologie und Geriatrie »

06 Boehlau, V.: Therapie im Alter beim bronchitischen Syndrom. In: V. Boehlau (Hrsg.), Spezielle Probleme der Therapie im Alter. 1. Bad Sodener geriatrisches Gespräch, 1./2. 5. 1969. Stuttgart 1969

–, (Hrsg.): Alter und Psychotherapie. Stuttgart 1971

–, Zur Problematik der Ernährung im Alter. In: V. Boehlau (Hrsg.), Alter und Psychotherapie. 3. Bad Sodener geriatrisches Gespräch, 30. 4. 1971. Stuttgart 1971

–, Zur Problematik der Ernährung im Alter. In: Medizin des alternden Menschen (mda), 1, 1971, 237–241

–, Neue Gesichtspunkte zur Rehabilitation im Rahmen der Geriatrie. In: Zschr. f. Gerontol., Bd. 5. Darmstadt 1972, 9–17



## Berlin

01 Städtisches Krankenhaus für Chronisch- und Alterskranke Charlottenburg

01.2 718 Betten

02 1 Berlin 19
Sophie-Charlotten-Straße 115

03 Prof. Dr. Ingeborg Falck
Chefarzt der Inneren Abteilung

04 Rehabilitation

05 « Geriatrie » im Rahmen der Vorlesung Medizinische Poliklinik

06 FALCK, I.: Mitarbeit an: Gutachten zur Frage der Notwendigkeit und Zweckmäßigkeit der Errichtung geriatrischer Kliniken. München 1965

–, Der alte Mensch – ein ärztliches Problem. In: Berliner Gesundheitsbl., Bd. 38. Berlin 1965, 4–5

–, Die Krankheiten der über 70jährigen. In: Dt. med. Journal, Bd. 16, *3*. Berlin 1965, 65–71

–, Die Leitung von Altenheimen. In: Soziale Arbeit, Bd. 14. Berlin 1965, 323

–, Die Situation eines Hospitals in Berlin. In: 4. Europ. Kongr. f. klin. Geriatrie, 15.–18. 9. 1965 in San Remo

–, Eindrücke von der amerikanischen Geriatrie. In: Ärztl. Praxis, Bd. 17, *9*. München 1965, 431–434

–, Der alte Mensch im Erwerbsleben. In: Arbeitsmedizin, Sozialmedizin, Arbeitshygiene, Bd. 1. Stuttgart 1966, 390

–, Erfahrungen bei 200 Diabetespatienten einer geriatrischen Klinik. In: Intern. Kongr. f. Gerontol., Bd. 7. Wien 26. 6.–2. 7. 1966

–, Internistische Probleme beim alten Menschen. In: Dt. Zentralbl. f. Krankenpflege, Bd. 10, 1966, 62

–, Rheumatologie, Infektionskrankheiten, Carcinom und Tuberkulose. In: G. Schettler (Hrsg.), Alterskrankheiten. Stuttgart 1966

–, Das Karzinom im Alter. In: Forschung, Praxis, Fortbildung, Bd. 18, 1967, 99

–, Der chronisch und alte Kranke. In: Münchner med. Wschr., Bd. 111, *26*. München 1969, 1421–1427

–, Medizinische Folgen von Berentung und Pensionierung. In: Ärztl. Praxis, Bd. 21, *53*. München 1969, 3019–3021

FALCK, I.: Die Bedeutung der rheumatischen Arthritis in der Geriatrie. In: Zschr. f. Gerontol., Bd. 3, Beih. (3. Tagung d. Dt. Ges. f. Gerontol., Mai 1968 in Nürnberg). Darmstadt 1970, 179

–, Die Geriatrie zwischen Gegenwart und Zukunft in Westdeutschland. In: Zschr. f. Gerontol., Bd. 4. Darmstadt 1971, 65

–, Geriatrie in Berlin. In: Zschr. f. Gerontol., Bd. 4. Darmstadt 1971, 373

–, Die besondere Situation der Geriatrie in Berlin und die getroffenen Maßnahmen. La gériatrie à Berlin: Problèmes particuliers et mesures appliquées 1973. In: Médecine et hygiène. Vol. 30. Genève 1972, 1717

–, Die Familie des alten Patienten. In: Documenta Geigy. Acta rheumatologica. Basel 1972

–, Die Therapie mit Anabolica in der Geriatrie. In: Scriptum geriatricum 1972, Vortr. d. Österr. Fortbildungskurses f. Geriatrie. Wien 1972, 201

–, Geriatrie und Resozialisation. In: Med. Klinik, Bd. 67, *41*. München 1972, 1315–1318

–, Infektionskrankheiten, Tuberkulose und Carcinom. In: G. Schettler (Hrsg.), Alterskrankheiten, 2. erw. u. überarb. Aufl. Stuttgart 1972

–, Was ist ein Pflegefall? In: Dt. Ärztebl., Bd. 68, *18*. Köln 1972, 1134–1139

–, Gesundes Alter. In: Gesundheit fängt zu Hause an. Weltgesundheitstag 1973. Bundesvereinigung für Gesundheitserziehung e. V. Bonn 1973, 143

–, Hämatologie und Geriatrie. In: Zschr. f. Gerontol., Bd. 6. Darmstadt 1973, 89

–, Organisation ärztlicher Tätigkeit in der Geriatrie. In: Das öff. Gesundheitswesen, Bd. 35, 2. Stuttgart 1973, 78–84

–, Präventivuntersuchungen und EDV in der Geriatrie. In: Ber. d. Europ. Kongr. f. klin. Gerontol., Bd. 6, Bern 8.–11. 9. 1971. Basel 1973

–, Das Alter und seine Krankheiten. (Aesopus-Schriftenreihe, Nr. 4, 31 S.) München o. J.

–, Das Herz im Alter. In: Jahrb. 1972 d. Ärztekammer Berlin (im Druck)

–, Einige sozialmedizinische Aspekte der Geriatrie. In: Ältere Menschen in unserer Gesellschaft. Konrad-Adenauer-Stiftung e. V. (im Druck)

FALCK, I. / EGGERT, E.: Influenca-Vaccinstion alter chronisch-kranker Menschen. In: Zschr. f. Gerontol., Bd. 1. Darmstadt 1968, 72

FALCK, I. / MITZSCHERLING, D.: Über den Zusammenhang von Todeseintritt und akuten Kreislaufereignissen bei alten und chronisch Kranken mit Wetter und Jahreszeit. In: Zschr. f. Gerontol., Bd. 4. Darmstadt 1971, 32

FALCK, I. / NELL, G.: Alterskachexie. In: Zschr. f. Gerontol., Bd. 5. Darmstadt 1972, 101

NELL, G.: Fehlernährung im Alter. In: Zschr. f. Gerontol., Bd. 2. Darmstadt 1969, 249

SCHWARTZKOPF, W. / SEIDEL, M. / KUNKEL, G. / FALCK, I.: Klinisch-experimentelle Untersuchungen über einen Gelatine-Plasma-Expander unter Berücksichtigung der Nierenhaemodynamik bei Normo- und Hypovolämikern. In: Zschr. f. d. ges. exp. Med., Bd. 147. Berlin 1968, 202–235

## Erlangen

01 Institut für Präklinische Geriatrie

01.1 –

01.2 –

02 852 Erlangen
Altenwohnstift Rathsberg

03 Priv.-Doz. Dr. E. Lang
Chefarzt der Medizinischen Klinik Waldkrankenhaus St. Marien

04 Präklinische Geriatrie

05 Vorlesung « Präklinische Geriatrie »



## Hannover

01 Geriatrische Klinik
der Henrietten-Stiftung

01.2 100 Betten

02 3 Hannover
Marienstraße 80

03 Dr. J. Rustemeyer

04 Rehabilitation
Modelleinrichtung

## Hirzenhain

01 Sanatorium Hillersbach
Träger: LVA Hessen

01.1 –

01.2 –

02 6471 Hirzenhain
über Stockheim (Oberhessen)

03 Dr. W. v. Nathusius

04 Präklinische Geriatrie, Rehabilitation
Präventions-Beginn spätestens mit 35 Jahren, angewandte Naturheilkunde

06 NATHUSIUS, W. v.: Naturheilverfahren in der Geriatrie. In: Zschr. f. allg. u. spez. Med., Jg. 1972, *5*

## Hofgeismar

01 Krankenhaus für Chronisch-Kranke und Altersleiden
Träger: Ev. Altenhilfe Gesundbrunnen e. V.

01.1 –

01.2 120 Betten

02 352 Hofgeismar/Hessen

03 Dr. H. Leutiger

04 Alle Behinderungen am Bewegungsapparat
Schlaganfälle
Rehabilitation

06 LEUTIGER, H.: Der behinderte Mensch in seiner Umwelt, Erscheinungsformen der Behinderung alter Menschen in medizinischer und psychologischer Hinsicht. Frankfurt: Dt. Verein f. öff. u. priv. Fürsorge, 1968

## Leverkusen

01 Geriatrische Klinik
des Städtischen Krankenhauses Leverkusen
(Modell für Nordrhein-Westfalen)

01.1 –

01.2 162 Betten

02 509 Leverkusen
Dhünnberg 70

03 Dr. O. Hartleb

04 Herz-, Kreislauf- und Gefäßleiden
Degenerative Erkrankungen des Stütz- und Bewegungsapparates
Chronische Erkrankungen der Atmungsorgane
Harnwegs- und Nierenerkrankungen im Alter
Stoffwechselleiden
Altersdiabetes
Rehabilitation
Sprachtherapeutische Schulung
Weiterentwicklung der Elektrostimulation des Herzens
Klinische Pharmakologie

## Universität München

01 1. Medizinische Klinik

02 8 München 2
Ziemssenstraße 1

03 Prof. Dr. R. Marx

04 Experimentelle Bearbeitung von Einzelfragen der Gerontohämostaseologie

06 MARX, R. / THIES, H. A. (Hrsg.): Alter und Blutgerinnung. 13. Hamburger Symposion über Blutgerinnung, 8./9. 5. 1970. Stuttgart 1970 (Thrombosis et diathesis haemorrhagica, Suppl. 41)



## Universität München

01 Medizinische Poliklinik

02 8 München 2
Pettenkofer Straße 8 a

03 Prof. Dr. W. Seitz

04 Wissenschaftliche Arbeiten, die der Geriatrie angehören:
Angiologie (Prof. Dr. H. Hess)
Degenerative Lungenkrankheiten [Emphysem] (Dr. J. Meier)
Stoffwechsel und Manifestation von im Alter häufigen Stoffwechselkrankheiten (Prof. Dr. N. Zöllner, Dr. G. Wolfram)

05 In der Hauptvorlesung Vorstellung eines hohen Prozentsatzes geriatrischer Fälle

Seminar der klinischen Ernährungslehre (Prof. Dr. Zöllner) behandelt geriatrische Fragen in breitem Umfang

## Universität Münster

01 Medizinische und Poliklinik und
Institut für Arterioskleroseforschung

01.1 Keine Abteilung für Geriatrie, da Wert darauf gelegt wird, daß allen Mitarbeitern die Bedeutung der geriatrischen Probleme klar wird. (Im Fachbereich Klinische Medizin besteht eine interdisziplinäre « Geriatrische Arbeitsgemeinschaft »)

02 44 Münster
Westring 3

03 Prof. Dr. W. H. Hauss

04 Geriatrische Kreislaufveränderungen / Arteriosklerose
Mesenchymforschung

06 HAUSS, W. H.: Einiges zu den Problemen des Alterns und der Alterskrankheiten. In: V. Boehlau (Hrsg.), Alter und Ernährung. 4. Bad Sodener geriatrisches Gespräch, 5. 5. 1972. Stuttgart 1972

–, Mesenchymzellen und die Entwicklung der arteriosklerotischen Läsionen. In: Verh. d. Dt. Ges. f. innere Medizin, Bd. 78. München 1972, 1152–1165

–, Tissue alterations due to experimental arteriosclerosis. In: Intern. Congr. Ser. No. 264 (Connective Tissue and Ageing). Proc. Workshop Conference Hoechst, Schloß Reisensburg 21./22. 4. 1972. Amsterdam (Excerpta Medica), 23–33

–, Altern und Alterskrankheiten. In: Diagnostik, Bd. 6, 2. Berlin 1973, 70–72

–, Über die Rolle des Mesenchyms in der Genese der Arteriosklerose. In: Virchows Arch., Abt. A, Pathologische Anatomie, Bd. 359. Berlin 1973, 135–156

–, Altersveränderungen an Herz und Kreislauf (ohne nähere Angaben)

–, Die Rolle der Mesenchymzellen in der Pathogenese der Arteriosklerose (Festvortrag); o. O.; o. J.

–, Mitarbeit an: Bericht über die interdisziplinäre geriatrische Untersuchung des Beirates Altenhilfe beim Min. f. Arbeit, Gesundheit u. Soziales des Lds. Nordrh.-Westf., 2 Bde. (Bd. 2 Tabellenstand zum Bericht des Beirates Altenhilfe); o. O.; o. J. (Manuskript vervielfältigt)

HAUSS, W. H. / JUNGE-HÜLSING, G. / GERLACH, U.: Die unspezifische Mesenchymreaktion – Zur Pathogenese der reaktiven Mesenchymerkrankungen. Stuttgart 1968

HAUSS, W. H. / JUNGE-HÜLSING, G. / HOLLÄNDER, H. J.: Changes in metabolism of connective tissue associated with ageing and arterio- or atherosclerosis. In: Journal of atherosclerosis, Vol. II. Amsterdam 1962, 50–61

HAUSS, W. H. / JUNGE-HÜLSING, G. / OBERWITTLER, W.: Über die Bedeutung der «unspezifischen Mesenchymreaktion» für das Altern. In: Zschr. f. Gerontol., Bd. 1, 5. Darmstadt 1968, 281–288

HAUSS, W. H. / JUNGE-HÜLSING, G. / SCHULZE, W.: Über alternsbedingte und organgebundene Unterschiede des Stoffwechsels der Bindegewebs-Sulfomucopolysaccharide. In: Zschr. f. Alternsforschung, Bd. 14, 3/4. Dresden 1960, 259–270

HAUSS, W. H. / OBERWITTLER, W.: Altern – Was ist das? In: Zschr. f. Kardiologie u. Angiologie in Klinik u. Praxis, Nr. 6. Baden-Baden 1969, 289–294

HAUSS, W. H. / SCHMITT, G.: Altersabhängige Veränderungen des Mesenchymstoffwechsels und der unspezifischen Mesenchymreaktion. In: D. Platt, H.-G. Lasch (Hrsg.), Molekulare und zelluläre Aspekte des Alterns. Stuttgart/New York 1971, 31–36

–, Über die Reaktion mesenchymaler Zellen nach Einwirkung zentralnervöser, emotionaler und toxischer Reize. In: Verh. d. Dt. Ges. f. Rheumatologie, Bd. 2, 6. Darmstadt 1972, 53–57 (Zschr. f. Rheumaforschung, 31. 1972, Suppl. 2)

MÜLLER, U. St. / SCHMITT, G. / HAUSS, W. H.: Reaktive Veränderungen des $^{3}H$-Thymidin-Markierungsindex mononukleärer Rundzellen als Folge heterogener Reizeinwirkungen. In: Beitr. z. Pathologie, Bd. 147. Stuttgart 1972, 28–41

OBERWITTLER, W. / HAUSS, W. H.: Über das kranke Herz im Alter und seine Behandlung. In: act. gerontol., Bd. 2, 3. Stuttgart 1972, 147–156

## Nürnberg

01 2. Medizinische Klinik
der Städtischen Krankenanstalten

01.1 –

01.2 –

02 85 Nürnberg
Flurstraße 17

03 Prof. Dr. R. Schubert
Präsident der Deutschen Gesellschaft für Gerontologie
Inhaber des Lehrstuhls für Geriatrie an der Universität Erlangen-Nürnberg

Klinische Geriatrie und empirische Forschung

04 –

06
SCHUBERT, R.: Die Altersverschiebung in Deutschland. Stuttgart 1958

–, Die Geriatrie aus der Sicht des Internisten. In: Verh. d. Dt. orthopäd. Ges., Bd. 46. Stuttgart 1958, 71–86

–, Die Rehabilitation des alten Menschen. In: Kongreßber. d. Intern. Arbeitstagung ü. Fragen d. Rehabilitation. Stuttgart 1958

–, Mision y meta de la gerontologia. In: Anales de medicina y cirurgia, Vol. 149. Barcelona 1958, 332

–, Die Biomorphose in klinischer und konstitutionsbiologischer Sicht. In: Die Medizinische, *50*. Stuttgart 1959, 2433–2440

–, Das Altersheim als ärztliches Problem. In: Materia medica Nordmark, Bd. 12, *6*. Uetersen 1960, 241–249

–, Die Biomorphose als Grundlage der Geriatrie. In: Zschr. f. Alternsforschung, Bd. 14, *2*. Dresden 1960, 201–205

–, Konstitutionelle Grundprobleme der 2. Lebenshälfte vom internistischen Standpunkt. In: Zschr. f. menschl. Vererbungs- u. Konstitutionslehre. Bd. 35, *4*. Berlin 1960, 335–355

–, Gemeinsame gerontologische Probleme auf chirurgischem und internistischem Gebiet. In: Münchner med. Wschr., 103, *36*. München 1961, 1705–1711

–, Internistische Differenzierung konstitutionstypischer Krankheitsbilder. In: Zschr. f. menschl. Vererbungs- u. Konstitutionslehre, Bd. 36, *3*. Berlin 1962, 157–185

–, Konstitution, Krankheit und Altern. In: Dt. med. Wschr., 87, *12*. Stuttgart 1962, 581–589

–, Nuevos puntas de vista del internista en el campa de la biologia constitutional (Consideraciones constitutionales al proceso de envejecimiento). In: Archivos espanoles de medicina interna, Vol. 8, *2*. Barcelona 1962

–, Internistische Probleme und Erkenntnisse in der Geriatrie. In: 14. Wiss. Ärztetagung, Nürnberg 1964. Sonderbd. d. Bayer. Landesärztekammer. Nürnberg 1964

–, Akute Elementargefährdung im Greisenalter. In: Therapiewoche, Bd. 15, *19*. Karlsruhe 1965, 1040–1044

–, Ulcus ventriculi et duodeni, Konstitution und Altern im Sinne der Biomorphose von M. Bürger. In: Zschr. f. Alternsforschung, Bd. 18, *3/4*. Dresden 1965, 285 bis 291

SCHUBERT, R.: Altersverteilung der Klinikpatienten und ihre Problematik. In: L. Heilmeier, H. J. Holtmeier, R. Schubert (Hrsg.), Fortschritte auf dem Gebiet der inneren Medizin. 3. Symposium in Freiburg, 30./31. 10. 1965. Stuttgart 1966
–, Die klinische Bedeutung des Reaktionswechsels in der internen Diagnostik und Therapie. In: Proc. 7th Intern. Congr. of Gerontology, Vienna 1966. Wien 1966
–, Klinisch-röntgenologische Besonderheiten in der Geriatrie. In: Ber. 46. Tagung d. Dt. Röntgenges., 29. 4.–2. 5. 1965 in Nürnberg. Beih. «Fortschritte auf dem Gebiet der Röntgenstrahlen und Nuklearmedizin». Stuttgart 1966, 74–76
–, Konservative Therapie bei Bronchiektasen und Lungenabszeß. In: Ärztl. Praxis, Bd. 18, *35*. München 1966, 1365, 1381–1385
–, Schwerpunkte in der heutigen Geriatrie auf dem Gebiet der inneren Medizin. In: Therapiewoche, Bd. 16, *13*. Karlsruhe 1966, 413–421
–, Das Problem der Flexibilität der administrativen Altersgrenze. In: Scriptum geriatricum 1968, Vortr. d. 12. Österr. Fortbildungskurses f. Geriatrie. Wien 1968
–, Erfordernisse einer neuzeitlichen gerontologischen Forschung. In: R. Schubert (Hrsg.), Herz und Atmungsorgane im Alter. Veröff. d. Dt. Ges. f. Gerontol., Bd. 1, Nürnberg 1967. Darmstadt 1968
–, Grundthemen der Gerontologie und Besonderheiten der Geriatrie. In: Therapeutische Berichte, Bd. 40, *2*. Leverkusen 1968, 71–79
–, (Hrsg.): Herz und Atmungsorgane im Alter. Darmstadt 1968 (Veröff. d. Dt. Ges. f. Gerontol., 1)
–, (Hrsg.): Aktuelle Probleme der Geriatrie, Geropsychologie, Gerosoziologie und Altenfürsorge. Veröff. d. Dt. Ges. f. Gerontol., Bd. 3, Nürnberg 1968. Darmstadt 1969
–, (Hrsg.): Flexibilität der Altersgrenze. Veröff. d. Dt. Ges. f. Gerontol., Bd. 2, Nürnberg 1968. Darmstadt 1969
–, Internistische Geriatrie. In: Therapiewoche, Bd. 19, *42*. Karlsruhe 1969, 2019 bis 2021
–, Lebensverlängerung durch gesundes Altern. In: H. Schäfer u. a., Was ist der Tod? München 1969 (Heidelberger Studio. Sendefolge, 45)
–, Schopenhauers Gedanken zum Altern. In: A. Hübscher (Hrsg.), L. Schopenhauer Jahrbuch 1969. Frankfurt 1969, 82–88
–, Ursache und Verhütung von Verkehrsunfällen bei alten Menschen aus ärztlicher Sicht. In: R. Schubert (Hrsg.), Aktuelle Probleme der Geriatrie, Geropsychologie, Gerosoziologie und Altenfürsorge. Veröff. d. Dt. Ges. f. Gerontol., Bd. 3, Nürnberg 1968. Darmstadt 1969
–, Verschiedene Formen des Alterns. In: R. Schubert (Hrsg.), Flexibilität der Altersgrenze. Veröff. d. Dt. Ges. f. Gerontol., Bd. 2, Nürnberg 1968. Darmstadt 1969
–, Aspects of clinical gastroenterology in aging. In: Proc. 8th Intern. Congr. of Gerontology, Washington 1969. Bethesda 1970
–, Die Familie das beste Altenheim? In: Ärztl. Praxis, Bd. 22, *28*. München 1970, 1859
–, Fehldiagnosen bei akuten und chronischen Erkrankungen des Respirationstrakts unter besonderer Berücksichtigung der Hongkong-Grippe und des Bronchialkarzinoms. In: Therapeutische Berichte, Bd. 42, *2*. Leverkusen 1970, 96–103
–, Gerontologische Grundlagenforschung und geriatrische Praxis. In: Ärztl. Praxis, Bd. 22, *40*. München 1970, 2590–2594

–, Gesunde Bewältigung der Altersverschiebung. In: Zschr. f. Gerontol., Bd. 3. Darmstadt 1970, 153
–, Lebensverlängerung durch gesundes Leben in der Sicht heutiger Medizin. In: Universitas, Bd. 25, *1*. Stuttgart 1970
–, Unspezifische Infekte des Respirationstrakts im Alter. In: A. Störmer (Hrsg.), Geroprophylaxe, Infektions- und Herzkrankheiten, Rehabilitation und Sozialstatus im Alter. Veröff. d. Dt. Ges. f. Gerontol., Bd. 4, Nürnberg 1969. Darmstadt 1970, 43
–, Die Bedeutung des Hobby bei der Vorbereitung auf das Alter. In: act. gerontol., Bd. 5. Stuttgart 1971, 261
–, Fundamental subjects of gerontology and particularities of geriatrics. In: Specialist meeting of the Aerospace Medical Panel of AGARD. Garmisch-Partenkirchen 1971
–, Aufgaben und Ziele der Gerontologie. In: H.-G. Gadamer, P. Vogler (Hrsg.), Neue Anthropologie, Bd. 3, Sozialanthropologie. Stuttgart 1972
–, Geriatrische Grundfragen der Klinik. In: Ärztl. Praxis, Bd. 24, *20*. München 1972, 1084
–, Interdisziplinäre Betrachtung der Flexibilität der Altersgrenze bei Differenzierung der Alternsformen. In: Arbeitsmedizin, Sozialmedizin, Arbeitshygiene, Bd. 7. Stuttgart 1972, 198
–, (Hrsg.): Schwerpunkte in der Geriatrie. München-Gräfelfing 1972
–, Spezielle Richtlinien der Therapie bei der geriatrischen Multimorbidität. In: Die Heilkunst, Bd. 3. Bonn 1972
–, Standpunkt der Geriatrie im Rahmen der gesamten Gerontologie. In: Die Heilkunst, Bd. 3. Bonn 1972
–, Systematik der geriatrischen Multimorbidität. In: 6. Europ. Kongr. f. klin. Gerontol., Bern 1971, Kongreßbd. Bern 1973
–, (Hrsg.): Vorbereitung auf das Alter (Schwerpunkte in der Geriatrie, 3). München-Gräfelfing (im Druck)

SCHUBERT, R. / BIERKAMP, W. / LINDNER, O.: Früherkennung des Bronchialkarzinoms. In: Ärztl. Praxis, Bd. 24, *85*. München 1972, 4041–4044

SCHUBERT, R. / BODAMMER, G.: Geriatrie aus internistischer Sicht. In: Klinik d. Gegenwart, Bd. 8. München 1973, E 463–E 476 a

SCHUBERT, R. / CHRISTOPEIT, H.: Beziehungen zwischen Hepatitis epidemica und Lebensalter der Erkrankten. (Ein Beitrag zur Altersverschiebung der Krankheiten.) In: Zschr. f. Alternsforschung, 16, *3*. Dresden 1962/63, 193–205

SCHUBERT, R. / DAUBERT, K.: Über die Ansprechbarkeit des alten Menschen auf atmosphärische Reizwirkungen. In: Die Medizinische, *50*. Stuttgart 1959, 2478 bis 2483

SCHUBERT, R. / DORSCH, F. / HANNEMANN, E.: Die Geriatrie in der pharmazeutischen Werbung. In: Med. Welt, *18*. Stuttgart 1963, 1040–1042

SCHUBERT, R. / ELL, E. / LINDNER, O.: Die Bedeutung der Grippe in der Geriatrie. In: Zschr. f. Gerontol., Bd. 2. Darmstadt 1970, 109

SCHUBERT, R. / ENDERLE, F. / BIHLMAIER, E.: Bronchiektasenträger und Bronchiektasenkranke als gerontologisches Problem. In: Münchner med. Wschr., 104, *43*. München 1962, 2025–2030

SCHUBERT, R. / HOFFMANN, H. L. / STAUDACHER, H. L.: Beziehungen zwischen Krankheit im Alter und Konstitution. In: Proc. 7th Intern. Congr. of Gerontology, Vienna 1966. Wien 1966

–, Erhebungen über Krankheiten im Alter in konstitutioneller und soziologischer Sicht. In: Ärztl. Forschung, Bd. 20, *5*. München 1966, 232–255

SCHUBERT, R. / KÄSSMEYER, E. / BUSCHBECK, K.: Symptomatologie der Gallenwegserkrankungen in Abhängigkeit vom Lebensalter. In: Klin. Wschr., Bd. 41, *6*. Berlin 1963, 264–272

SCHUBERT, R. / LINDNER, O.: Verhalten des Serumeiweißbildes beim Bronchialasthma verschiedener Altersklassen. In: Verh. d. Dt. Ges. f. innere Med., Bd. 73, Vortr. 156. München 1967, 868–871

–, Besonderheiten des Asthma bronchiale im Alter. In: R. Schubert (Hrsg.), Herz und Atmungsorgane im Alter. Veröff. d. Dt. Ges. f. Gerontol., Bd. 1, Nürnberg 1967. Darmstadt 1968

SCHUBERT, R. / LORENZER, A. / ROLL, A.: Beziehungen zwischen Biomorphose, Asthma bronchiale und Konstitution. In: Zschr. f. Alternsforschung, Bd. 14, *3/4*. Dresden 1960, 334–341

SCHUBERT, R. / PASZ, Th. / LINDNER, O.: Vergleichende Erfolgsbeurteilung neuer Antihypertonika. In: Münchner med. Wschr., 27. München 1968, 1604–1609

SCHUBERT, R. / PETERS, H.: Das Magen- und Zwölffingerdarmgeschwür in seiner Beziehung zum Altern. In: Dt. med. Wschr., 29. Stuttgart 1956, 1151–1153

SCHUBERT, R. / PETERS, H. / CLASS, I.: Das klinische Bild der essentiellen Hypertonie und dessen Wandlungen im Verlaufe des Lebens. In: Die Medizinische, *18*. Stuttgart 1957, 674–680

SCHUBERT, R. / PETERS, H. / DEUTER, H.: Gerontologische Besonderheiten des Diabetes mellitus. In: Zschr. f. Alternsforschung, Bd. 10, *2*. Dresden 1956/57, 101–112

SCHUBERT, R. / PETERS, H. / STEWENS, G.: Klinische Wandlungen des Diabetes mellitus im Verlaufe des Lebens. In: Zschr. f. Alternsforschung, Bd. 10, *3*. Dresden 1956/57, 205–221

SCHUBERT, R. / ROCH, I.: Multimorbidität bei peripheren arteriellen Durchblutungsstörungen. In: Proc. 9th Intern. Congr. of Gerontology. Kiew 1972

SCHUBERT, R. / STAUDACHER, H. L.: Relapse prophylaxis and therapy by chronic bronchitis in aged. In: Proc. 8th Intern. Congr. of Gerontology, Washington 1969. Bethesda 1970

SCHUBERT, R. / STAUDACHER, H. L. / HAFERKAMP, G.: Vergiftungen bei alten Menschen. In: Zschr. f. Gerontol., Bd. 1. Darmstadt 1968, 15

SCHUBERT, R. / STÖRMER, A. (Hrsg.): Multimorbidität. 2. Symposion der Deutschen Gesellschaft für Gerontologie, 19./20. 2. 1971 in Nürnberg. München-Gräfelfing 1973 (Schwerpunkte in der Geriatrie, 2)

SCHUBERT, R. / ZYZIK, U.: Die Würde des Alters bei fremden Völkern in Vergangenheit und Gegenwart. In: Zschr. f. Gerontol., Bd. 1. Darmstadt 1968, 139, 214, 275, 342 u. Bd. 2. Darmstadt 1969, 9, 111

## Saarbrücken

01 Kliniken Sonnenberg
der Saarland Heilstätten GmbH
a) Geriatrische Klinik I
b) Geriatrische Klinik II
c) Sozialpsychiatrische Klinik

01.2 zu 01.a und b) 234 Betten
zu 01.c) 132 Betten

02 66 Saarbrücken 6
Auf dem Sonnenberg

03 zu 01.a) Dr. W. Weiss
zu 01.b) Dr. H. J. Vogel
zu 01.c) Prof. Dr. W. Schmitt



## Stuttgart

01 Medizinisch-geriatrische Klinik der Stadt Stuttgart
Bürgerhospital

01.2 284 Betten
(Annex in Vaihingen 71 Betten)

02 7 Stuttgart N
Tunzhofer Straße 14–16

03 Dr. K. W. Brückel

04 Kurative Medizin
Prävention und Rehabilitation
Ernährungsforschung
Soziologische Fragestellungen

06 Brückel, K. W.: Gesundheitsfürsorge und Altenhilfe. In: Der öff. Gesundheitsdienst, Bd. 26, *11*. Stuttgart 1964, *590–602*
–, Aufgaben und Stellung der Geriatrie. In: Württ. Ärztebl., *12*. Stuttgart 1968
–, Quo vadis senex – senex invalidus? In: Therapiewoche, Bd. 21, *16*. Karlsruhe 1971, 1338–1345
–, Zur Frage der Toleranz von Psychopharmaka in der Geriatrie. In: Vortr. d. Intern. Symposions f. Geriatrie vom 11.–13. 1. 1971 in St. Moritz
–, Körperliche Krankheiten und höheres Lebensalter. In: Vortr. d. Jahreskongr. d. Baden-Württ. Ges. f. Sozialhygiene in Verbindung m. d. Dt. Ges. f. Sozialhygiene u. prophylaktische Medizin, am 26. 10. 1972 in Stuttgart
–, Vorbereitung auf das Alter aus klinischer Sicht. In: act. gerontol., Bd. 2, *1*. Stuttgart 1972

## Universität Würzburg

01 Medizinische Universitäts-Poliklinik
(Verbindung zu Altersheimen der Stadt Würzburg)

01.1 –

01.2 –

02 87 Würzburg
Klinikstraße 8

03 Prof. Dr. H. Franke

04 Studien an Hundertjährigen (Therapie im höchsten Lebensalter, Herz- und Kreislaufverhältnisse, Multimorbidität)

05 Geriatrische Lehrveranstaltungen im Rahmen des Kollegs für Innere Medizin, in denen die klinischen Studenten mit den Grundproblemen der Geriatrie vertraut gemacht werden

06 FRANKE, H.: Geriatrische Probleme in der internen Medizin. In: Zschr. f. Gerontol., Bd. 3, *1*. Darmstadt 1970

–, Kriterien der überdurchschnittlichen Lebenserwartung. In: Med. Klinik, Bd. 66, *24*. München 1971, 896–898

–, Zum Problem der Langlebigkeit. In: Lebensversicherungsmedizin, Bd. 23, *4*. Karlsruhe 1971, 85–87

–, Polypathie und Multimorbidität bei Langlebigen und Hundertjährigen. In: Ärztl. Praxis, Bd. 24, *25*. München 1972, 1373–1376

FRANKE, H. / BRACHARZ, N. / LAAS, H. H. / MOLL, E.: Studien an 148 Hundertjährigen. In: Dt. med. Wschr., Bd. 95, *31*. Stuttgart 1970, 1590–1594

## Freie Universität Berlin

01 Gerontopsychiatrische Abteilung
der Psychiatrischen Klinik II

01.1 –

01.2 –

02 1 Berlin 19
Nußbaumallee 36

03 Prof. Dr. S. Kanowski

04 Vigilanzstörungen im Rahmen psychiatrischer Erkrankungen
EEG-Veränderungen im Rahmen psychiatrischer Erkrankungen
Gerontopsychiatrische Befunddokumentation

05 Die Abteilung ist sowohl an der Gestaltung des Hauptkollegs als auch an Untersuchungskursen beteiligt

06 FROST, N. / HELMCHEN, H. / HERMANN, U. / KANOWSKI, S.: Vorschläge für einen Merkmalskatalog zur gerontopsychiatrischen Dokumentation. In: Janssen-Symposien (im Druck)

GIRKE, W. / KANOWSKI, S.: Elektroencephalographische Untersuchungen der Vigilanz bei psychischen Störungen im höheren Alter und ihre therapeutische Bedeutung. In: act. gerontol. Stuttgart (im Druck)

GIRKE, W. / KANOWSKI, S. / MAURUSCHAT, W.: Kombination von amentiellen und aphasischen Störungen unter Psychopharmakotherapie. In: Archiv f. Psychiatrie u. Nervenkrankheiten, Bd. 214. Berlin 1971, 249–261

HELMCHEN, H. / KANOWSKI, S. / KÜNKEL, H.: Die Altersabhängigkeit der Lokalisation von EEG-Herden. In: Archiv f. Psychiatrie u. Nervenkrankheiten, Bd. 209, *5*. Berlin 1967, 474–483

HIPPIUS, H. / KANOWSKI, S.: Derzeitige Situation und künftige Aufgaben gerontopsychiatrischer Forschung (in Vorbereitung)

KANOWSKI, S.: Gefahren bei der Anwendung von Psychopharmaka in Klinik und Praxis. In: Fortschr. d. Med., Bd. 86, *16*. Berlin 1968, 718–722, 731 u. Bd. 86, *21*. Berlin 1968, 960–962

–, Probleme der Behandlung psychischer Störungen im Alter. In: Pharmapsychiatrie / Neuropsychopharmakologie, Bd. 2. Stuttgart 1969, 119–129

–, EEG und Alterspsychiatrie. In: Der Nervenarzt, Bd. 42. Berlin 1971, 347–356

–, Indikationen der Psychopharmaka in der Geriatrie. In: Therapiewoche, Bd. 21, *6*. Karlsruhe 1971, 419–426

–, Die Behandlung von geriatrischen Patienten mit Schmerzmitteln, Schlafmitteln, Psychopharmaka und Geriatrika. In: Der Internist, Bd. 13, *5*. Berlin 1972, 187–196

–, Pharmakotherapie der Altersdepressionen. In: act. gerontol., Bd. 3, *5*. Stuttgart 1973, 281–293

–, Biomorphose aus psychiatrisch-neurologischer Sicht. In: Nieders. Ärztebl. Hannover (im Druck)

## Bonn–Bad Godesberg

01 –

02 53 Bonn–Bad Godesberg
Wittelsbacher Straße 7

03 Dr. med. H. A. Paul
Ministerialrat im Bundesministerium für Jugend, Familie und Gesundheit

04 Sozialmedizin in bezug auf die alten Menschen

06 PAUL, H. A.: Persönlichkeit und Leistungsabbau bei Vorgealterten. In: R. Schubert (Hrsg.), Aktuelle Probleme der Geriatrie, Geropsychologie, Gerosoziologie und Altenfürsorge. Veröff. d. Dt. Ges. f. Gerontol., Bd. 3. Darmstadt 1970, 280–290
–, Sozialhygienische Faktoren einer Rehabilitation im Alter. In: A. Störmer (Hrsg.), Geroprophylaxe, Infektions- und Herzkrankheiten, Rehabilitation und Sozialstatus im Alter. Veröff. d. Dt. Ges. f. Gerontol., Bd. 4. Darmstadt 1970, 290–294
–, Sozialmedizinische Gesichtspunkte bei der Vorbereitung auf das Alter. In: act. gerontol., Bd. 1, 5. Stuttgart 1971, 273–277
–, Der alte Mensch als Aufgabe der sozialen Medizin. In: Zschr. f. Gerontol., Bd. 5, 3. Darmstadt 1972, 159–165

## Universität Düsseldorf

01 Psychiatrische Universitätsklinik
Rheinisches Landeskrankenhaus

01.1 –

01.2 –

02 4 Düsseldorf
Bergische Landstraße 2

03 Dr. M. Bergener
Interdisziplinäre geriatrische Forschungsgruppe

04 Forschungsprojekt: Die Situation psychisch kranker älterer Menschen in den verschiedensten Einrichtungen der Altenfürsorge Nordrhein-Westfalen

05 Einführung in die Gerontopsychiatrie unter besonderer Berücksichtigung klinischer und sozialmedizinischer Aspekte

06 BERGENER, M. / HUMMEL, F. / REINHART, H.: Vordringliche Probleme und Aufgaben der Gerontopsychiatrie. In: A. Störmer (Hrsg.), Geroprophylaxe, Infektions- und Herzkrankheiten, Rehabilitation und Sozialstatus im Alter. Veröff. d. Dt. Ges. f. Gerontol., Bd. 4, Nürnberg 1969. Darmstadt 1970, 294–301

Bergener, M. / Poppenberg, A.: Beziehungen zwischen Intelligenz und Heterostereotypien des Alters – Ergebnisse einer alterspsychiatrischen Studie. In: Social Psychiatry, Sozialpsychiatrie, Psychiatrie Sociale, Bd. 7, *1*. Berlin 1972, 1–10

Bergener, M. / Schwebcke, A. / Thomas, K.: Altersstereotypien. In: Arbeitsmedizin, Sozialmedizin, Arbeitshygiene, Bd. 7. Stuttgart 1972, 194–198

## Universität Heidelberg

01 Psychiatrische Klinik

01.1 –

01.2 –

02 69 Heidelberg
Voßstraße 4

03 Priv.-Doz. Dr. K. Oesterreich (Projektleiter)

04 Untersuchung von Hirnstoffwechsel und Hirndurchblutung bei beginnenden und fortgeschrittenen Alterungssyndromen

In Zukunft werden diese Untersuchungen im Rahmen eines Sonderforschungsbereichs « Metabolische Störungen des ZNS » intensiviert

Interdisziplinäre Zusammenarbeit der Psychiatrischen Klinik und dem Institut für Pathochemie und Allgemeine Neurochemie

Geronto-psychiatrie/ Epidemio-logie/ Sozial-medizin

05 Vorlesungen « Gerontologie »
« Körperliche, psychologische und soziale Diagnostik »
« Gerontologische Propädeutik » (mit S. Hoyer)

Seit Frühjahr 1971 ständiges « Seminar über Probleme der gerontologischen Psychiatrie ». Interdisziplinäre Zusammenarbeit von Mitarbeitern der praktischen und theoretischen Altenhilfe aus dem Raum Heidelberg, Karlsruhe, Mannheim. Beteiligt sind neben Kliniksangehörigen (Ärzte, nichtwissenschaftliche Mitarbeiter) Altenpfleger, Sozialarbeiter, Verantwortliche aus Trägervereinen, kommunale Sozialbehörden und Gesundheitsämter sowie Seelsorger.

Ausarbeitung eines Ausbildungs- und Fortbildungsprogramms für Ärzte und nichtwissenschaftliche Mitarbeiter.

Angestrebt wird ein Ausbildungstraining für nichtwissenschaftliche Mitarbeiter im Zusammenhang mit schon laufenden Programmen an der Universität Ulm: Dr. H. Radebold, Nervenzentrum, Abteilung für Psychotherapie.

06 Hoyer, S. / Oesterreich, K.: Über die Zuordnung von Hirndurchblutung und Hirnstoffwechsel zu pneumencephalographisch gesicherten atrophischen Prozessen. In: Der Nervenarzt, Bd. 40, *12*. Berlin 1969, 561–565

–, Hirndurchblutung und Hirnstoffwechsel im Verlauf substantieller traumatischer Hirnschädigungen. In: Der Nervenarzt, Bd. 42. Berlin 1971, 180–185

HOYER, S. / OESTERREICH, K.: Über die Ursachen cerebraler Ernährungsstörungen und die Möglichkeit ihrer Behandlung. In: Med. Welt, Bd. 23, *49*. Berlin 1972, 1868–1872

–, Pathophysiologische Bewertungsmethoden in der Gerontopsychiatrie. In: Janssen-Symposien. Vortr. a. d. Arbeitstagung d. Arbeitsgemeinschaft f. Gerontopsychiatrie (in Vorbereitung)

NEUNDÖRFER, B. / HOYER, S. / OESTERREICH, K.: Probleme und Ergebnisse bei Untersuchungen von Electroencephalogramm, Hirndurchblutung und Hirnstoffwechsel. In: Archiv f. Psychiatrie u. Nervenkrankheiten, Bd. 212. Berlin 1968/69, 321–328

OESTERREICH, K.: Strukturplanung für das Fach «Gerontologische Psychiatrie». Strukturelle Studie über eine gerontopsychiatrisch geführte Rehabilitationsstätte in Abstimmung mit dem Berufsförderungswerk Heidelberg (Stiftung Rehabilitation). In: Zschr. f. Gerontol., Bd. 6, *5*. Darmstadt 1973, 386–394

–, Das organische Psychosyndrom – klinische und pathophysiologische Grundlagen. In: act. gerontol. Stuttgart (im Druck)

OESTERREICH, K. / HOYER, S.: Hirndurchblutung und Hirnstoffwechsel im Verlauf traumatischer Schäden. In: Zentralbl. f. d. ges. Neurologie und Psychiatrie, Bd. 197, *2*. Berlin 1970, 111

–, Zur diagnostischen Relevanz hirnatrophischer Prozesse. In: Schweizer Archiv f. Neurologie, Neurochirurgie u. Psychiatrie, Bd. 107, *1*. Zürich 1970, 171–178

OESTERREICH, K. / HOYER, S. / VOGT, R.: Mehrdimensionale Diagnostik bei hirnatrophischen Prozessen – Über den Aussagewert von Messungen der Hirndurchblutung und des Hirnstoffwechsels im Vergleich zu klinisch-psychiatrischen und testpsychologischen Befunden. In: Zschr. f. Gerontol., Bd. 3. Darmstadt 1970, 173

OESTERREICH, K. / STOLL, P. / HOYER, S. / HÄFNER, H. / JAKOB, W.: Über die Korrelation psychopathologischer und organpathologischer Befunde beim depressiven Syndrom des mittleren und höheren Lebensalters. In: act. gerontol. Stuttgart (in Vorbereitung)

## Universität Heidelberg

01 Sozialpsychiatrische Klinik

02 69 Heidelberg
Voßstraße 4

03 Prof. Dr. Dr. H. Häfner

04 Psychiatrische Epidemiologie

06 HÄFNER, H. / REIMANN, H.: Psychische Erkrankungen alter Menschen in Mannheim – Eine Untersuchung der Konsultationsinzidenz. In: Social Psychiatry, Sozialpsychiatrie, Psychiatrie Sociale, Bd. 7. Berlin 1972, 53–69

## Universität Mainz

01 Sektion für Sozial- und Arbeitsmedizin im Hygiene-Institut

02 65 Mainz
Hochhaus am Augustusplatz

03 Prof. Dr. Dr. R. R. Brock *
wissenschaftl. Mitarbeiter:
J. R. Wittig
H. Stiebritz
G. Weyer

04 Sozialpsychiatrische Aspekte des Alters
– Erfahrungen und Ergebnisse aus der Mainzer Altenstudie – (Feldstudie zur gesundheitlichen, hygienischen und sozialen Situation alter Menschen)

05 Medizin verschiedener Fachrichtungen, Psychologen, Soziologen

## Max-Planck-Institut für Psychiatrie

02 8 München 40
Kraepelinstraße 10

03 Priv.-Doz. Dr. I. C. Brengelmann
Leiter der Psychologischen Abteilung

04 Untersuchungen über die Determinanten der Anpassung an die Pensionierung



## Universität Tübingen

01 Universitäts-Nervenklinik

01.1 –

01.2 –

02 74 Tübingen
Osiander Straße 22

03 Prof. Dr. W. Schulte (†Herbst 1972)

04 Gerontoprophylaxe
Psychotherapeutische Möglichkeiten
Involutionsdepressionen

---

* Ab Mai 1973 Prof. für Arbeitsmedizin an der Universität Frankfurt/M.

06 SCHULTE, W.: Psychotherapie im höheren Lebensalter unter Ausnutzung der autoprotektiven Mechanismen in der Involution. Ref. a. d. 7. Intern. Kongr. f. Gerontol. vom 26. 6.–2. 7. 1966 in Wien. In: Zschr. f. Alternsforschung, Bd. 20, *2*. Dresden 1967, 129–133

–, Die zerebrale Gefäßsklerose: die Involutionsdepression. In: Wiener klin. Wschr., Bd. 81, *31/32*. Wien 1969, 561–563

–, Neue Wege der Geroprophylaxe in der Psychiatrie. In: A. Störmer (Hrsg.), Geroprophylaxe, Infektions- und Herzkrankheiten, Rehabilitation und Sozialstatus im Alter. Veröff. d. Dt. Ges. f. Gerontol., Bd. 4, Nürnberg 1969. Darmstadt 1970, 15–21

–, Aktuelle Probleme des Alterns. In: W. Bitter (Hrsg.), Lebenskrisen. Ursachen und Beratung. Stuttgart 1971

–, Gibt es eine präventive Gerontopsychiatrie? Probleme der 50- bis 60jährigen. In: Der Landarzt, Bd. 47, *10*. Stuttgart 1971, 501–505

–, Präventive Gerontopsychiatrie. In: act. gerontol., Bd. 1, *5*. Stuttgart 1971

–, Spätdepressionen als geriatrisches Problem. In: Ärztl. Forschung, Bd. 25, *8*. München 1971, 256–259

–, Psychotherapie bei Störungen vor und nach der Altersgrenze. In: Zschr. f. Praxis, Klinik, Forschung, *7*. Stuttgart 1972, 204–207

## Universität Ulm
(Medizinisch-Naturwissenschaftliche Hochschule)

01 Abteilung für Psychotherapie des Nervenzentrums

01.1 –

01.2 –

02 79 Ulm
Parkstraße 14

03 Dr. H. Radebold
Forschungsleiter auf dem Sektor der Gerontopsychotherapie

04 Interaktionsforschung, speziell Übertragungs- und Abwehrmechanismen bei älteren und alten Patienten (aufgrund von Einzelpsychotherapie und Gruppenanalyse)

Interaktionsprobleme während einer Gruppenanalyse mit Älteren, spezielle psychodynamische Aspekte

Übertragung der bisher vorliegenden Erfahrung auf die psychodynamisch orientierte Sozialarbeit im Bereich der Geriatrie

Erstellung eines Curriculums für das Aufbau- und Kontaktstudium in geriatrischer Sozialarbeit

05 Laufendes Sozialarbeiter-Seminar

06 Ohlmeier, D. / Radebold, H.: Übertragungs- und Abwehrprozesse in der Initialphase einer Gruppenanalyse mit Patienten im höheren Lebensalter. In: Gruppenpsychotherapie u. Gruppendynamik, Bd. 5, 3. Göttingen 1972, 289–302

–, Klimakterium bis Tod. In: Entwicklungspsychologie auf psychoanalytischer Basis. Rombach Hochschul Paperback (im Druck)

Radebold, H.: Psycho- und soziotherapeutische Möglichkeiten im höheren und hohen Lebensalter. In: Caritas, Bd. 73. Luzern 1972, 67–72

–, Der psychotherapeutische Zugang zu den Patienten mit einer zerebralen Gefäßinsuffienz. In: Medizin des alternden Menschen (mda). Zschr. f. präklin. Geriatrie. Erlangen (im Druck)

–, Erstes Seminar in geriatrischer Sozialarbeit (im Druck)

–, Gruppenpsychotherapie und Sozialarbeit mit geriatrischen Patienten. In: Gerontopsychiatrie, Bd. 2, Janssen-Symposien (im Druck)

Radebold, H. / Bechtler, H. / Pina, I.: Psychosoziale Arbeit mit Älteren. Freiburg (im Druck)



Es wird in diesem Zusammenhang auch auf die detaillierte nach Bundesländern geordnete Zusammenstellung* verwiesen:
Geriatrische Einrichtungen in der Bundesrepublik Deutschland (Stand: November 1970, mit Ergänzung für 1971 . . .). In: Zeitschrift für Gerontologie, Band 5, Heft 1. Darmstadt 1972, Seite 50–65.

* Nach Informationen d. Verf. zusammengestellt vom Bundesministerium für Jugend, Familie und Gesundheit.

# *Psychologie*

## Universität Bonn

01 Psychologisches Institut

02 53 Bonn
An der Schloßkirche 1

03 Prof. Dr. H. Thomae
und Forschungsgruppen

04 Systematische empirische Alternsforschung auf sozialpsychologischem Gebiet seit mehr als 10 Jahren

Planung der Einrichtung eines Aufbaustudiums für soziale Gerontologie

Entwicklungspsychologie unter besonderer Berücksichtigung der Längsschnittforschung

Untersuchungen über die Psychologie und Sozialpsychologie des Alterns

05 Vorlesungen und Übungen im Bereich der Alternsforschung mindestens in jedem 2. Semester

Diese Lehrveranstaltungen gehören zur normalen Ausbildung für Diplom-Psychologen

06 ANGLEITNER, A. / SCHMITZ-SCHERZER, R. / RUDINGER, G.: Die Altersabhängigkeit der Persönlichkeit im Sinne von R. B. Cattell. In: act. gerontol., Bd. 1, *12*. Stuttgart 1971

ERLEMEIER, N.: Das Bild des Alters in der Sicht verschiedener psychologischer Untersuchungsmethoden. In: A. Störmer (Hrsg.), Geroprophylaxe, Infektions- und Herzkrankheiten, Rehabilitation und Sozialstatus im Alter. Veröff. d. Dt. Ges. f. Gerontol., Bd. 4, Nürnberg 1969. Darmstadt 1970, 247–252

–, Multidisziplinäre Alternsforschung. Bericht aus einem gerontologischen Forschungs- und Ausbildungszentrum in den USA. In: Zschr. f. Gerontol., Bd. 4, *3*. Darmstadt 1971, 217–226

MATHEY, F. J.: Reaktionen auf eine Belastungssituation im höheren Alter. In: R. Schubert (Hrsg.), Herz und Atmungsorgane im Alter. Veröff. d. Dt. Ges. f. Gerontol., Bd. 1, Nürnberg 1967. Darmstadt 1968, 224–227

–, Längsschnittuntersuchungen zur Frage der psychophysischen Leistungsfähigkeit im höheren Alter. In: R. Schubert (Hrsg.), Aktuelle Probleme der Geriatrie, Geropsychologie, Gerosoziologie und Altenfürsorge. Veröff. d. Dt. Ges. f. Gerontol., Bd. 3, Nürnberg 1968. Darmstadt 1970, 254–262

SCHMITZ-SCHERZER, R.: Freizeitpsychologie und Rehabilitation. In: Zschr. f. Gerontol., Bd. 5, *1*. Darmstadt 1972, 18–22

SCHMITZ-SCHERZER, R. / BERGHOFF, W. / RUDINGER, G.: Erste Ergebnisse einer epidemiologischen interdisziplinären geriatrischen Studie (Psychologischer Teil). In: R. Schubert (Hrsg.), Aktuelle Probleme der Geriatrie, Geropsychologie, Gerosoziologie und Altenfürsorge. Veröff. d. Dt. Ges. f. Gerontol., Bd. 3, Nürnberg 1968. Darmstadt 1970, 129–137

SCHREINER, M.: Zur zukunftsbezogenen Zeitperspektive älterer Menschen. In: Zschr. f. Entwicklungspsychol. u. päd. Psychol., Bd. 2, *1*. Göttingen 1970, 28–46
THOMAE, H.: Interdisziplinäre Gemeinschaftsarbeit in der Gerontologie. In: Zschr. f. Gerontol., Bd. 1. Darmstadt 1968, 273–274
–, Persönlichkeit und Altern. In: R. Schubert (Hrsg.), Herz und Atmungsorgane im Alter. Veröff. d. Dt. Ges. f. Gerontol., Bd. 1, Nürnberg 1967. Darmstadt 1968, 191–203
–, Psychische und soziale Aspekte des Alterns. Ein Bericht aus einer entwicklungspsychologischen Forschungsstätte. In: Zschr. f. Gerontol., Bd. 1. Darmstadt 1968, 43–55
–, Wann wird der Mensch alt? In: Bild d. Wiss., Bd. 5. Stuttgart 1968, 961–967
–, Altern als psychologisches Problem. In: M. Irle (Hrsg.), Ber. 26. Kongr. d. Dt. Ges. f. Psychol., Tübingen 1968. Göttingen 1969, 22–36
–, Altern als soziales Schicksal. Eine psychologische Analyse der Lebenssituation alter Menschen. In: Bundesministerium für Gesundheit (Hrsg.), Die Gesundheit im Alter. Frechen 1969, 157–188
–, Geroprophylaxe in psychologischer Sicht. In: A. Störmer (Hrsg.), Geroprophylaxe, Infektions- und Herzkrankheiten, Rehabilitation und Sozialstatus im Alter. Veröff. d. Dt. Ges. f. Gerontol., Bd. 4, Nürnberg 1969. Darmstadt 1970, 22–27
–, Persönlichkeit und Leistung im höheren Alter. In: R. Schubert (Hrsg.), Aktuelle Probleme der Geriatrie, Geropsychologie, Gerosoziologie und Altenfürsorge. Veröff. d. Dt. Ges. f. Gerontol., Bd. 3, Nürnberg 1968. Darmstadt 1970, 238–239
–, Die Bedeutung einer kognitiven Persönlichkeitstheorie für die Theorie des Alterns. In: Zschr. f. Gerontol., Bd. 4, *1*. Darmstadt 1971, 8–18
–, Veränderungen der beruflichen Leistungsfähigkeit beim älteren Arbeitnehmer in psychologischer Sicht. In: act. gerontol., Bd. 1. Stuttgart 1971
–, Beiträge der « sozialen Gerontologie » zur Problematik des älteren Arbeitnehmers. In: Zschr. f. Gerontol., Bd. 5, *3*. Darmstadt 1972, 147–158
THOMAE, H. / OPGENOORTH, W.: Die Lebenssituation des älteren Menschen in subjektiver Sicht. In: Zschr. f. Gerontol., Bd. 3. Darmstadt 1970, 210–215
TISMER, K.-G. / TISMER-PUSCHNER, I.: Zusammenhänge zwischen Explorationsdaten und Ergebnissen der « Wunschprobe ». In: Zschr. f. Gerontol., Bd. 5, *2*. Darmstadt 1972, 128–132



## Universität Frankfurt/Main

01 Fachbereich Psychologie

02 6 Frankfurt/M.
Mertonstraße 17

03 Dr. Anitra Karsten

04 –

05 Seminar « Zur Persönlichkeit alter Menschen »
Übungen « Untersuchung zum Generationenproblem »
« Der ältere Mensch auf dem Arbeitsmarkt »

06 Karsten, A.: Altsein und Pensionierung. In: Soziale Welt. Zschr f. sozialwiss. Forschung u. Praxis, Bd. 13. Göttingen 1962, 229–236

–, Probleme der Alternsforschung. In: Psychol. Rundschau, Bd. 16. Göttingen 1965, 1–27

–, Die Lage des alten Menschen auf dem Lande in der Bundesrepublik; Stellungnahmen zur Arbeit im höheren Lebensalter. In: R. Schubert (Hrsg.), Herz und Atmungsorgane im Alter. Psychologie und Soziologie in der Gerontologie. Veröff. d. Dt. Ges. f. Gerontol., Bd. 1. Darmstadt 1968, 169–176

–, Zufriedenheit und Persönlichkeitsstruktur im Alter. In: R. Schubert (Hrsg.), Flexibilität der Altersgrenze. Veröff. d. Dt. Ges. f. Gerontol., Bd. 2. Darmstadt 1969, 99–102

## Universität Hamburg

01 Psychologisches Institut
Abteilung Klinische Psychologie

02 2 Hamburg 50
Heinrichstraße 14

03 Prof. Dr. R. Tausch
Dr. Anne-Marie Tausch

04 Pädagogische und klinische Verhaltensmodifikation über psychologische Vorgänge des Alterns

## Universität Köln

01 Institut für Sozialpsychologie

02 5 Köln-Lindenthal
Haedenkampstraße 2

03 Prof. Dr. Dr. H. Anger

04 Normative Determinanten des Alterns, insbesondere Alters-Suizid

06 Anger, H. / Besozzi, C. / Wiendieck, G.: Der Alters-Suizid. 1. Forschungsbericht an die Deutsche Forschungsgemeinschaft, Institut für Sozialpsychologie der Universität zu Köln. Köln 1969 (unveröffentlicht)

–, Der Alters-Suizid. 2. Forschungsbericht an die Deutsche Forschungsgemeinschaft, Institut für Sozialpsychologie der Universität zu Köln. Köln 1971 (unveröffentlicht)

ANGER, H. / BUNGARD, W. / FISCHER, L. / SCHENK, H. / TÜMMERS, H. / WIENDIECK, G.: Probleme des Alterns (in Vorbereitung)

ANGER, H. / TÜMMERS, H.: Zur Sozialpsychologie der Alterssexualität. Zwischenbericht an das Kuratorium Deutsche Altershilfe, Institut für Sozialpsychologie der Universität zu Köln. Köln 1972 (unveröffentlicht)

ANGER, H. / WIENDIECK, G.: Der Alters-Suizid. 3. Forschungsbericht an die Deutsche Forschungsgemeinschaft, Institut für Sozialpsychologie der Universität zu Köln. Köln 1973 (unveröffentlicht)

WIENDIECK, G.: Sozialpsychologische Determinanten des Alterssuizids. In: Der Nervenarzt, Bd. 41. Berlin 1970, 220–223

WIENDIECK, G. / GRÄTZ, H.-D.: Sozialpsychologische Probleme der Alterssexualität. In: act. gerontol., Bd. 2, *8*. Stuttgart 1972, 469–472

## Universität Köln

01 Pädagogisches Seminar

02 5 Köln-Lindenthal
Albertus-Magnus-Platz

03 Prof. Dr. Ursula Lehr

04 Psychologische Alternsforschung

05 Vorlesungen und Seminare « Entwicklungspsychologie »
1. Semester: Kindheit
2. Semester: Jugend
3. Semester: Erwachsenenalter und Alter (u. a. Alternstheorien, Lernfähigkeit, Probleme des älteren Arbeitnehmers, soziale Kontakte im Alter)
Lehrauftrag an der Universität Bonn (Turnus wie oben)

Psychologie

06 LEHR, U.: Veränderungen in der Daseinsthematik der Frau im Erwachsenenalter. In: Vita humana, Vol. IV, *4*. Basel 1961, 193–228

–, Spezifische Probleme im 4. bis 6. Lebensjahrzehnt der Frau. In: Proc. 16th Intern. Congr. of Psychology, Bonn 1960. Amsterdam 1962

–, Role conceptions for different age groups held by people of different chronological age. In: Report Intern. Seminar of Social Gerontology, Markaryd, Schweden 1963

–, Untersuchungen über subjektive Alternssymptome. In: Kongreßbericht. 23. Kongr. d. Dt. Ges. f. Psychol., Würzburg 1962. Göttingen 1963, 128–129; ders. Titel (zus. m. I. Puschner) in: Vita humana, Vol. VI, *1/2*. Basel 1963, 57–86

–, Positive und negative Einstellung zu einzelnen Lebensaltern. In: Vita humana, Vol. VIII, *3/4*. Basel 1964, 201–227

Lehr, U.: Belastungssituationen der Frau im 5. und 6. Lebensjahrzehnt aus psychologischer Sicht. In: Wiener med. Wschr., Bd. 115, *12*. Wien 1965, 246

–, Sozialpsychologische Aspekte der Heimübersiedlung älterer Mitbürger. In: Bl. d. Wohlfahrtspflege in Baden-Württ., Bd. 113, *12*. Stuttgart 1966, 1–8

–, Untersuchungen zu Zukunftserwartungen und Zukunftsbefürchtungen älterer Menschen. In: Proc. 7th Intern. Congr. of Gerontology, Wien 1966, Vol. VI. Wien 1966, 249–252

–, Zur Problematik des Menschen im reifen Erwachsenenalter – eine sozialpsychologische Interpretation der «Wechseljahre». In: Psychiatrie, Neurologie u. med. Psychologie, Bd. 18, 2. Leipzig 1966, 59–62; ders. Titel in: Probleme u. Ergebnisse d. Psychol., Bd. 16, 1966, 41–45

–, Attitudes toward the future in old age. In: Human development, Vol. X, *3/4*. Basel 1967, 230–238

–, Die Übersiedlung ins Altenheim als psychologisches Problem. In: Das Altenheim, Bd. 7. Hannover 1968, 203–206

–, Leistungsfähigkeit und Leistungsbereitschaft älterer Menschen zu beruflicher Tätigkeit. In: Bl. d. Wohlfahrtspflege in Baden-Württ., Bd. 115, *12*. Stuttgart 1968, 375–378

–, Consistency and change of social participation in old age. In: Proc. 8th Intern. Congr. of Gerontology, Washington 1969. Bethseda 1970; ders. Titel ausf. in: Human development, Vol. XII. Basel 1969, 255–267

–, Probleme der Anpassung an die Pensionierung unter psychologischem Aspekt – Ein Beitrag zur Frage der Flexibilität der Altersgrenze. In: R. Schubert (Hrsg.), Flexibilität der Altersgrenze. Veröff. d. Dt. Ges. f. Gerontol., Bd. 2, Nürnberg 1968. Darmstadt 1969, 53–59

–, Institutionalisierung älterer Menschen als psychologisches Problem – Ergebnisse der empirischen Forschung. In: R. Schubert (Hrsg.), Aktuelle Probleme der Geriatrie, Geropsychologie, Gerosoziologie und Altenfürsorge. Veröff. d. Dt. Ges. f. Gerontol., Bd. 3, Nürnberg 1968. Darmstadt 1970, 344–352

–, Probleme der geistigen Leistungsfähigkeit im höheren Alter. In: Ärztl. Praxis, Bd. 22, *91*. München 1970, 4985–4990; ders. Titel in: Intern. Seminar f. ärztl. Fortbildung. Vortr. d. Seminars f. ärztl. Fortbildung. München 1970, 74–83

–, Alter und geistige Leistung. Forschungsergebnisse widerlegen ein Klischee. In: Arbeit u. Leistung, Bd. 12. Frechen 1971, 241–242

–, Den Fortschritt mit den älteren Arbeitnehmern bewältigen. In: Produktivität u. Rationalisierung – Chancen, Wege, Forderungen. Frankfurt 1971, 116–120 (Fischer-Bücherei. 6134: Bücher des Wissens)

–, Probleme zwischen Jung und Alt. In: Medical tribune, Vol. VI. Frankfurt 1971, 79

–, Psychologische Aspekte einer Psychotherapie. In: V. Boehlau (Hrsg.), Alter und Psychotherapie. 3. Bad Sodener geriatrisches Gespräch, 30. 4. 1971. Stuttgart 1971, 64–77

–, Psycho-gerontologische Forschung in Deutschland – Rückblick und Ausblick. In: Zschr. f. Gerontol., Bd. 4, *1*. Darmstadt 1971, 1–7

–, Zur Psychologie des Alterns – Stereotypien und Erkenntnisse. In: act. gerontol., Bd. 1. Stuttgart 1971, 17–24

–, Das Problem der Sozialisation geschlechtsspezifischer Verhaltensweisen. In: K. Gottschaldt u. a. (Hrsg.), Hdb. d. Psychol., Bd. 7, II, Sozialpsychologie. Göttingen 1972, 886–954

–, Nationale und internationale Probleme in der Sozialgerontologie. In: Zschr. f. Gerontol., Bd. 5. Darmstadt 1972, 145–146
–, Probleme der Weiterbildung im Erwachsenenalter und Alter. In: act. gerontol., Bd. 2. Stuttgart 1972, 713–720
–, Psychologie des Alterns. Heidelberg 1972
–, Psychologische Gesichtspunkte zur Ernährung im Alter. In: V. Boehlau (Hrsg.), Alter und Ernährung. 4. Bad Sodener geriatrisches Gespräch, 5. 5. 1972. Stuttgart 1972, 52–68
–, Alter und Leistungsgesellschaft – zum gegenwärtigen Stand der interdisziplinären Diskussion in der Gerontologie. In: Bergedorfer Gesprächskreis, November 1972. 1973, 43
–, Flexibilität der Altersgrenze – psychologische Aspekte. In: Bayer. Ärztebl., Bd. 28. München 1973, 437–446
–, Gerontologie – ein Modell interdisziplinärer Forschung und Lehre? In: act. gerontol., Bd. 3. Stuttgart 1973
–, Psychologische Voraussetzungen und Hindernisse bei der Aktivierung älterer Menschen. In: Das Altenheim, Bd. 12. Hannover 1973, 95–100
LEHR, U. / BIGOT, A.: A cross-national study of adjustment to retirement: a first Report on retired steelworkers. In: Proc. 7th Intern. Congr. of Gerontology, Wien 1966, Vol. VI. Wien 1966, 101–102
LEHR, U. / DREHER, G.: Psychologische Probleme der Pensionierung. In: R. Schubert (Hrsg.), Herz und Atmungsorgane im Alter. Veröff. d. Dt. Ges. f. Gerontol., Bd. 1, Nürnberg 1967. Darmstadt 1968, 234–252
–, Determinants of attitudes toward retirement. In: R. J. Havighurst et al. (Eds.), Adjustment to retirement, a cross-national study. Assen 1969, 116–137
LEHR, U. / DREHER, G. / SCHMITZ-SCHERZER, R.: Der ältere Arbeitnehmer im Betrieb. In: K. Gottschaldt u. a. (Hrsg.), Hdb. d. Psychol., Bd. 9, Betriebspsychologie, 2. A. Göttingen 1970, 778–827
LEHR, U. / ESSER, R. / RAITHELHUBER, K.: Das Bild des 40- und 60jährigen bei 10- und 14jährigen Schulkindern. In: act. gerontol., Bd. 1, *12*. Stuttgart 1971, 705–710
LEHR, U. / FRÖHLICH, W. D. / REICHERTZ, P. R.: Probleme der Beurteilung der psychischen Wirkung eines Geriatrikums. In: R. Schubert (Hrsg.), Herz und Atmungsorgane im Alter. Veröff. d. Dt. Ges. f. Gerontol., Bd. 1, Nürnberg 1967. Darmstadt 1968, 186–191
LEHR, U. / MERKER, H.: Jugend von heute in der Sicht des Alters – Ein Beitrag zum Generationsproblem. In: A. Störmer (Hrsg.), Geroprophylaxe, Infektions- und Herzkrankheiten, Rehabilitation und Sozialstatus im Alter. Veröff. d. Dt. Ges. f. Gerontol., Bd. 4, Nürnberg 1969. Darmstadt 1970, 232–239
LEHR, U. / PUSCHNER, I.: Studies on the awareness of aging. In: Proc. 6th Intern. Congr. of Gerontology, « Age with a future », Copenhagen 1963. Copenhagen 1964, 425–426
LEHR, U. / RUDINGER, G.: Strukturen der sozialen Teilhabe im höheren Lebensalter. In: A. Störmer (Hrsg.), Geroprophylaxe, Infektions- und Herzkrankheiten, Rehabilitation und Sozialstatus im Alter. Veröff. d. Dt. Ges. f. Gerontol., Bd. 4, Nürnberg 1969. Darmstadt 1970, 81–84
LEHR, U. / SCHMITZ-SCHERZER, R.: Psychologische Störfaktoren des modernen Arbeitslebens im mittleren und höheren Lebensalter. In: Zschr. f. Gerontol., Bd. 2, *3*. Darmstadt 1969, 183–194

LEHR, U. / SCHMITZ-SCHERZER, R.: Psychological interferences in work life in middle and late adulthood. In: Geriatrics digest, Vol. VII. Northfield, Ill. 1970, 14
–, Gesundheitliches Wohlbefinden und psychologischer Alternsprozeß. In: Med. d. alternden Menschen (mda). Zschr. f. präklin. Geriatrie, Bd. 1, *6*. 1971, 175–178
–, L'état de bonne santé et le processus psychique du viellissement. In: Médecine et hygiène. No. 949. Genève 1971, 170–171
LEHR, U. / SCHMITZ-SCHERZER, R. / GABELIN, K.: Altern – Gesundheit und Ernährung. In: Diabetic journal, Vol. 22, *10*. London 1972, 355–359
LEHR, U. / SCHMITZ- SCHERZER, R. / THOMAE, H.: Multimorbidität des alten Menschen. Psychologischer Status, subjektiver Gesundheitszustand und internistischer Befund. In: Ärztl. Praxis, Bd. 24, *90*. München 1972, 4393–4401
LEHR, U. / SCHMITZ-SCHERZER, R. / WENNEMAR, H.: Das Altenheim im Zukunftsbezug älterer Menschen; erste Ergebnisse einer interdisziplinären Studie. In: Bl. d. Wohlfahrtspflege in Baden-Württ., Bd. 117. Stuttgart 1970, 385
LEHR, U. / THOMAE, H.: Eine Längsschnittuntersuchung bei 30–50jährigen Angestellten. In: Vita humana. Vol. I, *2*. Basel 1958, 100–110
–, Konflikt und Lebensalter. In: L. Schenk-Danzinger, H. Thomae (Hrsg.), Gegenwartsprobleme der Entwicklungspsychologie. Festschr. f. Charlotte Bühler. Göttingen 1963, 46–62
–, Konflikt, seelische Belastung und Lebensalter. Köln 1965 (Forschungsber. d. Lds. Nordrh.-Westf. 1455)
–, Die Stellung des älteren Menschen in der Familie. In: G. Wurzbacher (Hrsg.), Der Mensch als soziales und personales Wesen. Bd. 3: Die Familie als Sozialisationsfaktor. Stuttgart 1968, 104–132
–, Studien zum Lernprozeß Erwachsener – Gutachten, erstattet dem Dt. Bildungsrat, 1970 (im Druck)
–, Determinants of aging, findings from a longitudinal study. In: Proc. 9th Intern. Congr. of Gerontology, Kiew 1972, 352; ders. Titel ausf. in: Zschr. f. Alternsforschung. Bd. 27. Dresden 1973
THOMAE, H. / LEHR, U. (Hrsg.): Altern. Probleme und Tatsachen. Frankfurt 1968
–, Berufliche Leistungsfähigkeit im mittleren und höheren Erwachsenenalter. Göttingen 1973 (Schr. d. Kommission f. wirtsch. u. sozialen Wandel, 1)

## Universität Mainz

01 Psychologisches Institut

02 65 Mainz
Saarstraße 21

03 Prof. Dr. W. D. Fröhlich

04 Psychische und physiologische Veränderungen des Orientierungsverhaltens im höheren Lebensalter

05 Im Bereich der Entwicklungs- und der Sozialpsychologie werden gerontologische Fragestellungen mitbehandelt

06 FRÖHLICH, W. D. / LEHR, U. / REICHERTZ, P. R.: Probleme der Beurteilung der psychischen Wirkung eines Geriatrikums. In: R. Schubert (Hrsg.), Herz und Atmungsorgane im Alter. Veröff. d. Dt. Ges. f. Gerontol., Bd. 1, Nürnberg 1967. Darmstadt 1968, 186–190

# *Soziologie*

## Universität Erlangen-Nürnberg

01 Seminar für Soziologie

02 85 Nürnberg
Findelgasse 7

03 Prof. Dr. K. G. Specht

04 Vorbereitung auf das Alter
Untersuchung über Ernährungsgewohnheiten älterer Menschen

06 SPECHT, K. G.: Über die Notwendigkeit und Thematik sozialwissenschaftlicher Alternsforschung. In: Zschr. f. Gerontol., Bd. 1. Darmstadt 1968, 55–60

## Universität Frankfurt/Main

01 Fachbereich Gesellschaftswissenschaften

02 6 Frankfurt/M.
Mertonstraße 17

03 Dr. Barbara Fülgraff
1973 Berufung als Wissenschaftlicher Rat und Professor an die
Pädagogische Hochschule Oldenburg

04 –

06 FÜLGRAFF, B.: Possible substitutes for work as the productive activity decreases (in the case of flexible retirement). In: 2nd Intern. Course in Social Gerontology (Kongreßber.). Florenz, Mai 1971
–, Soziologie des Alterns. Einige kritische Anmerkungen zu einem vernachlässigten Problem. In: Archiv f. d. Wiss. u. Praxis d. sozialen Arbeit, 2. 1971
–, Lernen in der zweiten Lebenshälfte – Überlegungen zur lebenslangen Sozialisation. In: Hess. Bl. f. Volksbildung, Bd. 22, 3. Frankfurt 1972
–, Substitute für Arbeit im Alter. In: act. gerontol., Bd. 2. Stuttgart 1972, 455–459

## Universität Hamburg

01 Seminar für Sozialwissenschaften

02 2 Hamburg 13
Sedanstraße 19

03 Dr. J.-R. Ahrens

04 Soziologische Probleme der Gerontologie

## Universität Köln

01 Institut für Sozialforschung und Gesellschaftspolitik

02 5 Köln 1
Sachsenring 39–41

03 Prof. Dr. O. Blume

04 Empirische Untersuchungen aus gerosoziologischer Sicht

05 Vorlesung über Sozialarbeit

06 BLUME, O.: Alte Menschen in einer Großstadt. Ergebnisse einer empirischen Untersuchung in Köln. Göttingen 1962 (Veröff. d. Inst. f. Selbsthilfe u. Sozialforschung, 6)

–, Über den Lebensabend des Industriearbeiters in der heutigen Gesellschaft. In: Gewerkschaft, Wirtschaft, Gesellschaft. Köln 1963, 237–250

–, Möglichkeiten und Grenzen der Altenhilfe. Tübingen 1968

–, Über die Lebenssituation älterer Menschen in Großstädten und auf dem flachen Land in der Bundesrepublik Deutschland. In: R. Schubert (Hrsg.), Herz und Atmungsorgane im Alter. Veröff. d. Dt. Ges. f. Gerontol., Bd. 1, Nürnberg 1967. Darmstadt 1968, 267–273

–, Subjektiver Gesundheitszustand und sozialer Status im höheren Lebensalter. In: R. Schubert (Hrsg.), Aktuelle Probleme der Geriatrie, Gerosoziologie und Altenfürsorge. Veröff. d. Dt. Ges. f. Gerontol., Bd. 3, Nürnberg 1968. Darmstadt 1970, 114–118

–, Über die soziologische Situation der Mehrgenerationenfamilie. In: A. Störmer (Hrsg.), Geroprophylaxe, Infektions- und Herzkrankheiten, Rehabilitation und Sozialstatus im Alter. Veröff. d. Dt. Ges. f. Gerontol., Bd. 4, Nürnberg 1969. Darmstadt 1970, 101–106

## Universität Mainz

01 Institut für Soziologie

02 65 Mainz
Jakob-Welder-Weg 18

03 Prof. Dr. H. Schoeck

04 Gerosoziologie

05 Proseminar für Gerosoziologie

## II. Wissenschaftliche Zusammenarbeit / Institutionen, Publikationen

Zugegeben, daß mancherorts erfreuliche Ansätze im Bereich der Gerontologie zu verzeichnen sind; zugegeben, daß eine Reihe von Wissenschaftlern sich mit der Erforschung von Alternsvorgängen befassen, so ist doch ein grundsätzlicher Mangel augenfällig, nämlich das Fehlen eines systematischen Informationsaustausches und als Folge die damit zusammenhängende mangelnde Kooperation zwischen Wissenschaftlern untereinander und zwischen Wissenschaft und Praxis. Dies schmälert in hohem Grade die Effektivität aller Bemühungen und den rationellen Einsatz der sowieso zur Zeit noch zu geringen Geldmittel.

Abhilfe im Blick auf Information schaffen in gewissem Umfange im Rahmen ihrer Möglichkeiten dic «Deutsche Gesellschaft für Gerontologie» sowie verschiedene bereits zur Institution gewordene Einrichtungen, die sich gerontologischer Fragestellungen annehmen.
Die Deutsche Gesellschaft für Gerontologie mit ihrem um die Förderung der Gerontologie sehr bemühten Präsidenten Professor Dr. R. SCHUBERT, Direktor der 2. Medizinischen Klinik der Städtischen Krankenanstalten in Nürnberg, Begründer der Max-Bürger-Bibliothek, und ihrem Generalsekretär Dr. H. KAISER, Chefarzt der 1. Medizinischen Klinik des Westkrankenhauses in Augsburg und Vorstandsmitglied des Internationalen Zentrums für soziale Gerontologie, Paris, trägt durch ihre jährlichen Kongresse im besonderen dazu bei, wissenschaftliche und menschliche Kontakte zwischen Wissenschaft und Praxis herzustellen.

Die Deutsche Gesellschaft für Gerontologie gliedert sich in Sektionen:

*Geriatrie*
Leiter: Prof. Dr. R. SCHUBERT, Nürnberg

*Experimentelle Gerontologie*
Leiter: Prof. Dr. F. HEIM, Erlangen-Nürnberg

*Psychiatrie*
Leiter: Prof. Dr. C. KULENKAMPFF, Düsseldorf

*Soziologie*
Leiter: Prof. Dr. K. G. SPECHT, Erlangen-Nürnberg

*Psychologie*
Leiter: Prof. Dr. H. THOMAE, Bonn

Sie macht damit den multidisziplinären Charakter der von ihr vertretenen Wissenschaft eindeutig klar.

Die auf den Jahrestagungen erstatteten Referate erscheinen im Druck in «actuelle gerontologie» (Georg Thieme Verlag, Stuttgart), dem Organ der Deutschen Gesellschaft für Gerontologie und der Österreichischen Gesellschaft für Geriatrie. Präsident der Österreichischen Gesellschaft: Professor Dr. W. DOBERAUER, Wien, Hütteldorfer Straße 188.

Zu den Einrichtungen, die zwar erst in den letzten Jahren geschaffen wurden, aber schon institutionellen Charakter annahmen und mit wissenschaftlichen Aktivitäten hervortreten, gehören:

## Bad Soden/Taunus

Max-Bürger-Institut
Institut für Altersmedizin
6232 Bad Soden/Taunus, Rossertstraße 11

Direktor: Prof. Dr. V. BOEHLAU

*Bad Sodener geriatrische Gespräche*

1. Bad Sodener geriatrisches Gespräch
   1./2. Mai 1969: Spezielle Probleme der Therapie im Alter
2. Bad Sodener geriatrisches Gespräch
   8. Mai 1969: Alter und Physiotherapie
3. Bad Sodener geriatrisches Gespräch
   30. April 1970: Alter und Psychotherapie
4. Bad Sodener geriatrisches Gespräch
   4.–6. Mai 1972: Alter und Ernährung
5. Bad Sodener geriatrisches Gespräch
   11. Mai 1973: Alter und Hormone

Veröff.: F. K. Schattauer Verlag, Stuttgart/New York 1969 ff.(erschienen 1.–4. Gespräch; Hrsg.: V. Boehlau)

## Gießen

Forschungsgruppe für Gerontologie e. V.
63 Gießen, Am Bergwerkswald 16

(Untersuchungsprojekt: Soziales Verhalten und physischer Zustand der Altengeneration)

Vorsitzender: Prof. Dr. D. PLATT
1. Stellvertreter: Prof. Dr. R. v. SCHWEITZER
2. Stellvertreter: Prof. Dr. F. ERBSLÖH
Geschäftsführer: K. W. BÖTTICHER

*Gießener Symposien über experimentelle Gerontologie*

1. Gießener Symposion . . .
   12./13. März 1971: Molekulare und zelluläre Aspekte des Alterns

2. Gießener Symposion . . .

16./17. März 1973: Altern: Zentralnervensystem, Stoffwechsel, Pharmaka

Veröff.: F. K. Schattauer Verlag, Stuttgart/New York 1971 ff. (erschienen 1. Symposion; Hrsg.: D. Platt, H.-G. Lasch)

## Köln

Gerontopsychiatrische Arbeitsgemeinschaft
5 Köln 21, Landeshaus

Geschäftsstelle z. Z.: Dr. M. Bergener

*Symposien* (alljährlich unter wechselndem Vorsitz)

1. Symposion

8./9. Mai 1971: Terminologische Probleme, Meßverfahren und Bewertungsmethoden in Klinik, Biochemie und Neuropathologie

2. Symposion

12./13. Mai 1972: Datensammlung, Dokumentation, Klassifikation, Therapie

Veröff.: Janssen GmbH, Düsseldorf 1971 u. 1972 (erschienen 1. Symposion; Hrsg.: M. Bergener, C. Kulenkampff)

## Köln

Kuratorium Deutsche Altershilfe e. V.

Institut für Altenwohnbau
des Kuratoriums Deutsche Altershilfe e. V.
5 Köln 1, Sachsenring 39–41

Sozio-gerontologische Forschung und Wohnforschung

(Gerontologische Dokumentation. Periodisch erscheinende Publikation. Bearbeitung und Zusammenstellung: Ursula Hinschützer, Köln)

## Mainz

Kommission für Alternsforschung
in der Akademie der Wissenschaften und der Literatur
65 Mainz, Geschwister-Scholl-Straße 2

*Symposien*

| | |
|---|---|
| 5./9. November 1969: | Altern auf molekularer Ebene |
| 14. Mai 1970: | Alternsvorgänge und Calcification |
| 7./8. November 1970: | Alternsvorgänge in der Grundsubstanz des Bindegewebes |
| 29./31. Oktober 1971: | Zellalterung und Zelldifferenzierung |
| 17./19. November 1972: | Kallikrein – physiological properties and pharmacological rational |

*Schriftenreihe:* Altern und Entwicklung / Aging and Development. (Hrsg.: Kommission für Alternsforschung und Kommission für Humanforschung in der Akademie der Wissenschaften und der Literatur; Red.: H. Bredt, Mainz / J. W. Rohen, Marburg) F. K. Schattauer Verlag, Stuttgart/New York 1971ff.

*Band 1:* Age changes in the eye, 1971

HOCKWIN, O.: Age changes of lens metabolism.

RENTSCH, F. J. / ZYPEN, E. VAN DER: Altersbedingte Veränderungen der sogenannten Membrana limitans interna des Ziliarkörpers im menschlichen Auge.

ROHEN, J. W. / LÜTJEN-DRECOLL, E.: Age changes of the trabecular meshwork in human and monkey eyes.

ZYPEN, E. VAN DER / RENTSCH, F. J.: Altersbedingte Veränderungen am Ziliarepithel des menschlichen Auges.

*Band 2,* 1971

ZYPEN, E. VAN DER: Vergleichende licht- und elektronenmikroskopische Untersuchungen über die morphologischen Grundlagen der Liquor- und Kammerwasserzirkulation.

*Band 3,* 1971

BENEKE, G.: Altersabhängige Veränderungen des Kollagens und der Bindegewebszellen.

NEMETSCHEK, Th.: Altersabhängige Abläufe am Kollagen.

*Band 4,* 1972

CASTENHOLZ, A. / FLÓREZ-COSSIO, T. J.: Mikrokymographische Untersuchungen zur Herz- und Kreislaufdynamik in der frühen Embryonalentwicklung des Hühnchens.

CASTENHOLZ, A. / ROHEN, J. W.: Morphometrische Untersuchungen über die postnatale Entwicklung des Rattenauges am Gefrierblockpräparat.

HAYFLICK, L.: Cell senescense and cell differentiation in vitro.

SCHACHTSCHABEL, D. O.: Specialized functions of cell and tissue cultures.

Darüber hinaus sei auf verschiedene wissenschaftliche Stiftungen und Organisationen hingewiesen, die sich fördernd im Rahmen der jeweiligen Möglichkeiten wissenschaftlicher Vorhaben aus dem gerontologischen Problemkreis annehmen:

Deutsche Forschungsgemeinschaft
53 Bonn-Bad Godesberg, Kennedyallee 40

Fritz Thyssen Stiftung
5 Köln 1, Am Römerturm 3

Hauni Stiftung
205 Hamburg 80, Kampchaussee 14–22

Stifterverband für die Deutsche Wissenschaft e. V.,
Wilhelm Woort-Stiftung für Alternsforschung,
43 Essen-Bredeney, Brucker Holt 56–60

Stiftung Volkswagenwerk
3 Hannover–Döhren, Kastanienallee 35

Forum für Information und Diskussion sind ferner die Zeitschriften des Faches:

*Zeitschrift für Alternsforschung*

1938 von E. Abderhalden gegründet, langjähriger Herausgeber M. Bürger, Leipzig. Nachfolger sein ehemaliger Leipziger Oberarzt F. H. Schulz, Direktor der I. Medizinischen Klinik der Charité, Berlin (Ost)

Redaktion: M. J. Schmidt, Poliklinische Abteilung der I. Medizinischen Klinik der Charité

Verlag Theodor Steinkopff, Dresden

*actuelle gerontologie*

Organ der Deutschen Gesellschaft für Gerontologie und der Österreichischen Gesellschaft für Geriatrie

Herausgeber: A. Störmer, München; D. Michel, München; D. Platt, Gießen

in Gemeinschaft mit H. Bredt, Mainz; F. Heim, Erlangen; K. G. Specht, Nürnberg; H. Thomae, Bonn

Verlag Georg Thieme, Stuttgart

*m d a – Medizin des alternden Menschen*
*Zeitschrift für präklinische Geriatrie*

Herausgeber: J. Schmidt, Erlangen
Schriftleitung: E. Lang, Erlangen

Verlag Dr. D. Straube, Erlangen

*Zeitschrift für Gerontologie*

Herausgeber: I. Falck, Berlin; U. Lehr, Köln
Verlag Dr. Dietrich Steinkopff, Darmstadt

Schließlich sollte auf eine vom «Zentrum Berlin für Zukunftsforschung e.V.» (Bericht 5, 1969, S. 7–9) zusammengestellte Übersicht einer Reihe von Bundes- und Landesbehörden sowie Verbänden aufmerksam gemacht werden, die sich mit Alternsfragen als einem Teil ihrer Aufgaben beschäftigen. Es handelt sich dabei überwiegend um «Altershilfe», die – wie vorstehend erwähnt – nicht Gegenstand dieses Berichtes ist. Immerhin mag in weiterem Zusammenhang gesehen ein Informationsbedürfnis über diese vorhandenen Einrichtungen bestehen.

## III. Ausbildung

*Lehrstühle, wissenschaftliche Lehrveranstaltungen* *

Wie sehr die Bundesrepublik Deutschland noch in den ersten Anfängen der Entwicklung der Gerontologie steckt, zeigt sich auch bei den Feststellungen über das, was in der Lehre an den wissenschaftlichen Hochschulen und in der Ausbildung von Fach- und Hilfskräften bisher geschieht.

Seit kurzem existiert ein Lehrstuhl für Geriatrie – der erste in der Bundesrepublik – an der Medizinischen Fakultät der Universität Erlangen–Nürnberg.

An der Freien Universität Berlin wurde eine Professur (Wissenschaftlicher Rat und Professor) eingerichtet, deren Inhaber Leiter der neugeschaffenen gerontopsychiatrischen Abteilung ist (Fachbereich 5, Nervenklinische Medizin).

Noch in der Planung ist die Einrichtung von gerontologischen Lehrstühlen an den Universitäten Bonn und Gießen.

Allerdings besteht – soweit zur Zeit zu sehen – noch keine einheitliche Auffassung über die spezielle Ausrichtung und Zuordnung der Lehrstühle.

Erfreulicherweise wurden indessen in den letzten Jahren gerontologische Fragestellungen in einer Reihe von Lehrveranstaltungen mehr oder weniger systematisch behandelt oder mitbehandelt.
Sie sind in der folgenden Übersicht nach einer Erhebung im Jahre 1972 zusammengefaßt, auch wenn sie bereits in den ersten Kapiteln in anderem Zusammenhang genannt wurden.

* Alphabetisch nach Universitätsorten.

## Freie Universität Berlin

*Medizin*

Prof. Dr. Ingeborg Falck

Innere Abteilung des Städtischen Krankenhauses für Chronisch- und Alterskranke Charlottenburg

« Geriatrie » im Rahmen der Vorlesung Medizinische Poliklinik

Prof. Dr. S. Kanowski

Gerontopsychiatrische Abteilung in der Psychiatrischen Klinik II

Die Abteilung ist an der Gestaltung des Hauptkollegs beteiligt

Prof. Dr. A. Ruiz-Torres

Stoffwechselabteilung Medizinische Klinik und Poliklinik

Sporadische Colloquien zum Thema Alterung

## Universität Bielefeld

*Soziologie*

Im Schwerpunktbereich « Sozialarbeit » Behandlung von Problemen des Alterns im Rahmen der Ausbildung von Soziologen

## Universität Bochum

*Sozialwissenschaft*

Doz. Dr. G. Kiss

Hauptseminar über « Soziologie des Alterns »

## Universität Bonn

*Medizin*

Prof. Dr. O. Hockwin

Abteilung Biochemie des Auges am Klinischen Institut für experimentelle Ophthalmologie

Vorlesungen « Experimentelle Ophthalmologie »
« Biochemie des Auges »

Dr. Th. Vogel

Vorlesung « Problemstellung in der Alterspsychiatrie »

*Psychologie*

Prof. Dr. Ursula Lehr

Vorlesungen und Seminare « Entwicklungspsychologie »

Prof. Dr. H. Thomae

Psychologisches Institut

Vorlesungen und Übungen im Bereich der Alternsforschung, mindestens in jedem 2. Semester

Diese Lehrveranstaltungen gehören zur normalen Ausbildung für die Diplom-Psychologen

Einrichtung eines Aufbaustudiums für soziale Gerontologie geplant

## Universität Düsseldorf

*Medizin*

Doz. Dr. M. Bergener

Köln, Landschaftsverband Rheinland

Vorlesung « Einführung in die Gerontopsychiatrie unter besonderer Berücksichtigung klinischer und sozialmedizinischer Aspekte »

## Universität Erlangen-Nürnberg

*Medizin*

Dr. E. Lang

Abteilung für präklinische Geriatrie in der Medizinischen Poliklinik

Vorlesung « Präklinische Geriatrie »

## Universität Frankfurt/Main

*Medizin*

Prof. Dr. V. Boehlau

Max-Bürger-Institut
Institut für Altersmedizin, Bad Soden

Vorlesung « Gerontologie und Geriatrie » (ab 6. Semester)

*Psychologie*

Dr. Anitra Karsten

| | |
|---|---|
| Lehrauftrag | « Psychologische Probleme der Gerontologie » |
| Seminar | « Zur Persönlichkeit alter Menschen » |
| Übungen | « Untersuchungen zum Generationenproblem »<br>« Der ältere Mensch auf dem Arbeitsmarkt » |

## Universität Gießen

*Medizin*

Prof. Dr. D. Platt

Medizinische Kliniken und Polikliniken

Vorlesung « Klinik und Pathophysiologie des Alterns »

## Universität Hamburg

*Medizin*

Prof. Dr. J. Lindner

Im Rahmen des Fachbereichs werden gerontologische und geriatrische Fragen im engeren und weiteren Sinne berücksichtigt

Spezialvorlesung « Orthologie und Pathologie des Alterns »

*Psychologie*

Prof. Dr. R. Tausch

In der Abteilung Pädagogische und Klinische Verhaltensmodifikation finden Lehrveranstaltungen über « Psychologische Vorgänge des Alterns » statt

*Soziologie*

Dr. J.-R. Ahrens

Proseminar « Soziologische Probleme der Gerontologie »

## Universität Heidelberg

*Medizin*

Priv.-Doz. Dr. K. Oesterreich

Psychiatrische Klinik

Vorlesungen « Gerontologie »
« Körperliche, psychologische und soziale Diagnostik »
« Gerontologische Propädeutik » (K. Oesterreich / S. Hoyer)
« Ausgewählte Kapitel aus der Pathochemie » (G. Quadbeck / H. Berlet / S. Hoyer)

(Stellungnahme zu pathophysiologischen Fragen von Hirndurchblutung und Hirnstoffwechsel bei Alterskrankheiten des Gehirns)

Priv.-Doz. Dr. Th. Nemetschek
Abteilung für Ultrastrukturforschung
Vorlesung « Experimentelle Gerontologie, zur Pathologie des Bindegewebes »

## Universität Kiel

*Soziologie*

Im Proseminar für Soziologie werden speziell Probleme des Alterns behandelt

## Universität Köln

*Soziologie*

Prof. Dr. O. Blume
Vorlesung über Sozialarbeit

*Psychologie*

Prof. Dr. Ursula Lehr
Vorlesungen und Seminare « Entwicklungspsychologie »

## Universität Mainz

*Psychologie*

Im Bereich der Entwicklungs- und der Sozialpsychologie werden gerontologische Fragen mitbehandelt

*Soziologie*

Proseminare für Gerosoziologie

## Universität München

*Medizin*

Prof. Dr. W. Seitz

« Geriatrie » im Rahmen der Vorlesung Medizinische Poliklinik

Prof. Dr. N. Zöllner

Seminar der Klinischen Ernährungslehre

## Universität Münster

*Medizin*

Fachbereich Vorklinische und Theoretische Medizin: Behandlung gerontologischer Fragen in den Vorlesungen verschiedener Fächer

Fachbereich Klinische Medizin: Behandlung geriatrischer Fragen in den Vorlesungen verschiedener Fächer – Innere Medizin, Orthopädie, Chirurgie, Gynäkologie, Psychiatrie, Neurologie

Prof. Dr. W. Oberwittler

Colloquium für Doktoranden « Epidemiologische Geriatrie »

Colloquium « Soziologie für Mediziner » aufgrund der neuen Approbationsordnung

## Universität Saarbrücken

*Medizin*

Prof. Dr. W. Schmitt

Chefarzt der Sozialpsychiatrischen Klinik Sonnenberg

Im Rahmen der Lehrveranstaltungen wird die spezielle gerontologische und geriatrische Problematik behandelt, vor allem wird Sozialhygiene in der Vorlesung über Sozialmedizin berücksichtigt

*Soziologie*

Dr. P. Waldmann
Soziologisches Institut

Übung «Soziologie des Alterns»

## Universität Tübingen

*Medizin*

Im Rahmen der Vorlesungen für Innere Medizin, Chirurgie und Psychiatrie wird auf geriatrische Fragen eingegangen

## Universität Würzburg

*Medizin*

Geriatrische Lehrveranstaltungen im Rahmen des Kollegs Innere Medizin

*Fach- und Hilfskräfte*

Die Universität Ulm, Nervenzentrum, Abteilung Psychotherapie, Dr. H. Radebold, führt seit 1971 Seminare in Sozialarbeit durch, und zwar in Ulm sowie in Berlin in Zusammenarbeit mit der Verwaltung des Senators für Arbeit und Soziales.
Die Teilnehmer erhalten ein Zertifikat.

Geplant ist ferner in Ulm, einen speziellen Aufbau/Kontakt-Studiengang für den Bereich der geriatrischen Sozialarbeit anlaufen zu lassen.
Die Erstellung eines Curriculums gehört zu den Forschungsprojekten.

Staatliche Anerkennung der Ausbildung und Prüfung als Altenpfleger wird in folgenden Ländern erteilt:

Baden-Württemberg
Bayern
Berlin
Hessen
Niedersachsen
Nordrhein-Westfalen

## *C. Folgerungen*

Wie bereits eingangs erwähnt, erfahren die einzelnen zitierten Vorhaben in dieser Schrift, die – es sei wiederholt – keinen Anspruch auf Vollständigkeit erhebt, keine Wertung; vielmehr handelt es sich darum, an den erfaßten Daten zu zeigen, wer, wo und an welchem wissenschaftlichen Problem arbeitet oder gearbeitet hat.

Es wäre daher irrig und der gestellten Aufgabe widersprechend, von vornherein Quantität gleich Qualität zu setzen; darüber sagt auch die relative Vielzahl der Informanten nichts aus. Es liegt vielmehr bei den im jeweiligen Teilbereich sachverständigen und kompetenten Wissenschaftlern und Wissenschaftsorganisationen, zukunftsträchtige und wesentliche Forschungsprojekte von unwesentlichen zu scheiden, sie aufzugreifen und auf angemessene Weise – auch interdisziplinär – zu verfolgen und zu fördern.
Die vorliegende Bestandsaufnahme zeigt gleichzeitig Forschungslücken oder auch unrationell nebeneinander herlaufende Vorhaben an.
Möglicherweise finden auch junge noch nicht längere Zeit auf dem Gebiet ausgewiesene Wissenschaftler in ihr Beachtung.

Die in dem Bericht festgehaltenen Daten sprechen eine deutliche Sprache; sie zeigen nämlich, daß die Bundesrepublik Deutschland – trotz mancher Ansätze und Bemühungen – im gerontologischen Bereich erst am Anfang steht und daß es in der Tat in manchen gerontologischen Teilbereichen, z. B. in der Psychologie und Soziologie, kräftiger Anstrengungen bedarf, den internationalen Anschluß zu finden.

Sehr eindrucksvoll ist es zu sehen, was in Wissenschaft und Praxis in kleinen und großen Ländern bisher geschehen ist. Genannt seien England, Frankreich, Holland, Italien, Schweiz, die skandinavischen Länder, Bulgarien, Rumänien, DDR. – Die Schwerpunkte der Gerontologie finden sich in den USA und in der Sowjetunion. Auf spezielle Einrichtungen wird noch zurückzukommen sein.

Es stellt sich nun zwingend die Frage, welche Konsequenzen in unserem Lande gezogen werden müssen, die realistisch genug sind, um ohne weiteren erheblichen Zeitverlust – darauf kommt es entscheidend an – durchgesetzt zu werden.

Am einfachsten ist es freilich, die Forderung auf Errichtung eines großen gerontologischen Zentrums zu stellen, dem Beispiel anderer Länder folgend. Dieser Ruf erklingt auch; vielleicht wäre es, auf lange Sicht gesehen, die wünschenswerte Lösung.

Die beiden Mammuteinrichtungen:

Institute of Gerontology
USSR Academy of Medical Sciences
Kiew (UdSSR)

Leiter: Prof. Dr. D. F. CHEBOTAREV

Arbeitsstab etwa 600 Personen, davon mehr als 170 hochqualifizierte Spezialisten (Strukturplan s. S. 86);

The Gerontology Research Center
of the National Institutes of Health
Child and Human Development
Baltimore, Maryland (USA)

Leiter: Dr. N. SHOCK

Arbeitsstab mehr als 120 Personen,

können jedoch für uns nicht Vorbild sein. So weist z.B. das Budget des Gerontology Research Center in Baltimore, Maryland*, folgende Beträge aus:

| | | |
|---|---|---|
| 1972 | US-Dollar | 12.505.000 |
| 1973 (gesch.) | US-Dollar | 12.336.000 |
| 1974 (gesch.) | US-Dollar | 11.838.000 |

Finanzielle und zeitliche Enge zwingen uns dazu, weniger konventionelle Wege einzuschlagen.

---

* Quelle: Department of Labor and Health, Education and Welfare Appropriations for 1974.

## Structure of Institute of Gerontology. USSR Acad. Med. Sci.

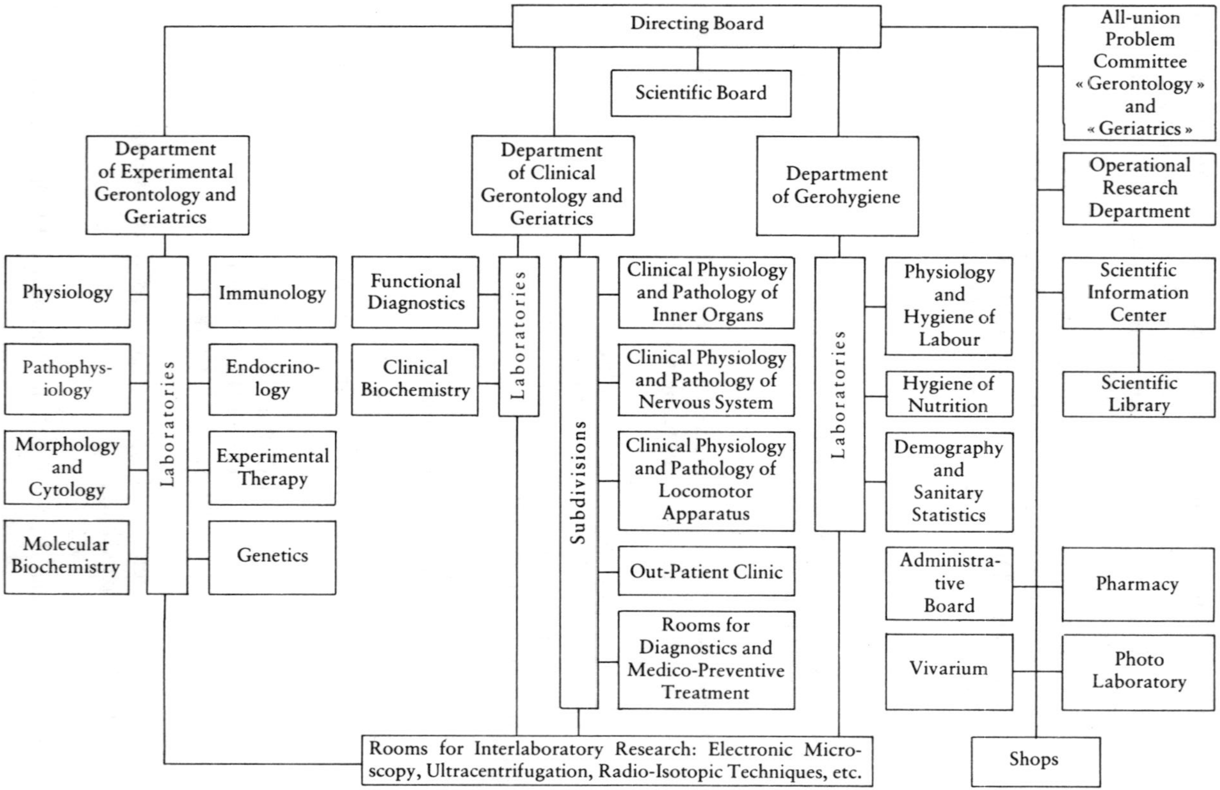


Quelle: Aus Informationsmaterial für Teilnehmer des 9. Intern. Kongr. f. Gerontologie in Kiew, Juli 1972.

Die Vorstellungen der einzelnen gerontologisch arbeitenden Wissenschaftler über das, was getan werden muß, und über die Präferenzen für die einzelnen Maßnahmen sind naturgemäß unterschiedlich und häufig vom eigenen Standort diktiert.

Aus den schriftlichen und mündlichen Äußerungen schälen sich jedoch gewisse Schwerpunkte heraus, deren Förderung oder Entwicklung verlangt wird, um der Alternsforschung in der Bundesrepublik eine größere Wirksamkeit und Bedeutung zu verleihen. Diese Vorschläge gehen davon aus, daß die Grundlagenforschung in den in der Bestandsaufnahme geschilderten Bereichen intensiviert wird und durch die öffentliche Hand, die Deutsche Forschungsgemeinschaft sowie andere wissenschaftsfördernde Organisationen finanziell gesichert ist.

Folgende Maßnahmen erscheinen zusätzlich wichtig und realisierbar:

- Koordinierungsstelle für den gerontologischen Bereich
- Gerontologische Literaturdokumentation
- Modell einer Medizinisch-Geriatrischen Klinik mit Tagesklinik, Altersheim und Bettenhaus für Chronisch-Kranke sowie entsprechender gerontopsychiatrischer Einrichtungen
- Tagesklinik mit begleitender Forschung
- Lehrstühle
- Aus- und Fortbildung des akademisch gerontologischen Nachwuchses
- Spezielle Aus- und Fortbildung von gerontologisch, vor allem auch pflegerisch vorgebildeten Hilfskräften
- Altenpfleger-Schulen
- Tierzuchtanlage

*Koordinierungsstelle für den gerontologischen Bereich*

Es fehlt in der Bundesrepublik Deutschland eine Stelle, die imstande ist, eine vernünftige Koordinierung in der fächerübergreifenden gerontologischen Forschung durchzuführen und dem offenkundigen, vielerorts beklagten Mangel an gegenseitigen Kontakten abzuhelfen.

Dieser Mangel ist ja nicht nur interdisziplinär vorhanden, sondern – noch ärger – innerhalb der Fächer *einer* Disziplin. Eine selbständige Koordinierungsstelle, die u.a. stellvertretend gewisse Funktionen eines Zentralinstitutes wahrnehmen soll, müßte im Blick auf die bisher nicht erzielte Effektivität der individuellen Anstrengungen unverzüglich geschaffen werden.

Eine der vornehmlichsten Aufgaben dieser «Dach»-Organisation wäre das Kontaktherstellen und das Kontakthalten zu allen im gerontologischen Bereich intensiv arbeitenden Wissenschaftlern, innerhalb und außerhalb der Universitäten. Die speziellen Arbeitsgebiete und *laufenden* Forschungsvorhaben wären mit Hilfe von unkomplizierten Formular-Meldungen karteimäßig festzuhalten bis zur Vorlage eines Abschlußvermerks.

Eine solche Übersicht ermöglichte der zentralen Stelle, zumal das Gebiet überschaubar ist, eine echte Koordinierung der Vorhaben – gegenwärtig meist Einzelprojekte – durchzuführen, Empfehlungen und Anregungen auszusprechen, Kommunikation und Erfahrungsaustausch durch Kolloquien, Symposien und ähnliches zu pflegen und zu fördern, Forschungsprogramme, auch im Verbund, und Schwerpunktbildungen zu beraten und zu unterstützen.

Der Forscher verbleibt an seinem Arbeitsplatz; dort werden ihm die erforderlichen Mittel zur Verfügung gestellt. Auf den zeitraubenden Bau eines gerontologischen Zentrums kann zumindest zunächst verzichtet werden.

Aus eigener Anschauung ist von einer Einrichtung im Rahmen des Smithonian Institute, des *S*cientific *I*nformation *E*xchange (SIE), in Washington zu berichten, eine Institution, die unabhängig und äußerst erfolgreich, wenn auch mit anderer Zielsetzung, ein etwa vergleichbares Verfahren praktiziert; sie ist allerdings relativ groß, da sie eine Reihe von Wissenschaftsgebieten bearbeitet.

Die Koordinierungsstelle sollte mit wenigen, aber hochqualifizierten, für die spezielle Funktion besonders befähigten Persönlichkeiten besetzt sein, unterstützt von einem kleinen tüchtigen Verwaltungsstab. Die Effizienz einer solchen Stelle liegt in der Qualität und nicht in der Quantität. Erforderlich – zuzüglich Sachkosten – wären:

| | |
|---|---|
| Wissenschaftlicher Leiter | (B 2) |
| Stellvertreter | (BAT II a) |
| Verwaltungskraft | (BAT V b) |
| 3 Bürokräfte | (BAT VI b) |

Kostenaufwand jährlich etwa 250 000 DM; hinzu kämen einmalige Einrichtungskosten.

Im übrigen sollte die Koordinierungsstelle sich eines Kreises interdisziplinärer, auch internationaler Experten bedienen, die ihren Rat möglichst kontinuierlich zur Verfügung stellen. Rechtsform und Finanzierung sowie Standort der Koordinierungsstelle bedürfen eingehender Erörterungen.
Hier liegt eine Aufgabe für die öffentliche Hand sowie der Wissenschaftsorganisationen, eventuell auch einer wissenschaftlichen Akademie.

*Gerontologische Literaturdokumentation*

Ob eine Zentrale für nationale und internationale gerontologische Literaturdokumentation der Koordinierungsstelle örtlich anzuschließen ist oder ob sie an einem anderen Platz eingerichtet wird, z.B. im Anschluß an bereits vorhandene Ansätze oder an eine Universitäts-Bibliothek, ist eine organisatorische Frage.
Fest steht jedoch, daß ein technisch moderner Informations-Service (Abrufmöglichkeiten, Abstracts, Mikrofilm) heute für Forscher und Praktiker ein unentbehrliches Hilfsmittel ist, da nicht jeder, der eine Information braucht, den Vorzug hat oder auch die Zeit, sich mit Literatur selbst versorgen zu können.
Auch dies ist eine Aufgabe für die öffentliche Hand oder – etwa für eine längerfristige Anlaufzeit – für eine wissenschaftliche Institution, die sich mit dem wissenschaftlichen Informationswesen befaßt.

*Modell einer Medizinisch-Geriatrischen Klinik mit Tagesklinik, Altersheim und Bettenhaus für Chronisch-Kranke*

Während in uns benachbarten Ländern geriatrische Zentren und geriatrische Kliniken aufgebaut sind oder aufgebaut werden – beispielhaft sei erwähnt von Großbritannien das «Department of Geriatric Medicine, Stobhill General Hospital» in Glasgow; von den Niederlanden das geriatrische Krankenhaus «Zonnestraal» in Hilversum; aus der Schweiz die Medizinisch-Geriatrische Abteilung am «Felix Platter-Spital» in Basel und die Geriatrische Klinik am «Kantons-Spital» in St. Gallen –, besitzt die Bundesrepublik bisher keine Modell-Einrichtung dieser Art.

Wohl sind in den letzten Jahren – zumeist durch die Initiative einzelner – medizinisch-geriatrische Abteilungen oder Kliniken geschaffen worden, überwiegend an kommunalen Krankenanstalten oder durch gemeinnützige Organisationen (z.B. Geriatrische Klinik der Henrietten-Stiftung in Hannover). Wohl werden gerade zur Zeit beim Neubau psychiatrischer Krankenhäuser gerontopsychiatrische Abteilungen eingeplant (z.B. durch den Landschaftsverband Rheinland oder den Landeswohlfahrtsverband Hessen), sie fehlen jedoch an den Universitätskliniken.
Ein oder zwei beispielhafte Einrichtungen sollten ohne Zögern realisiert werden, die zukünftig bei Bewährung als Vorbild dienen könnten.

In Anlehnung an eigene Beobachtungen in England, Holland und der Schweiz wird ein geriatrisches Modell wie folgt skizziert:

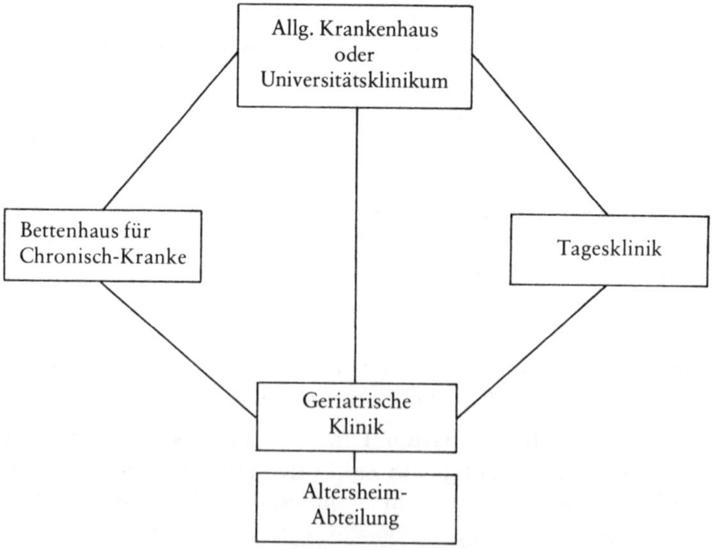

Das Kernstück für unsere Betrachtung ist die geriatrische Klinik mit ihren umfassenden therapeutischen und Rehabilitations-Möglichkeiten. Es wird aber immer wieder von fachkundiger Seite darauf hingewiesen, daß sie aus Gründen der wechselseitigen Zusammenarbeit einem allgemeinen Krankenhauskomplex oder Universitätsklinikum zugeordnet sein sollte.

Von einem eigenen Diagnose-Zentrum wird abgeraten; vielmehr sollten wegen des rationellen Einsatzes der teuren technischen Einrichtungen und des geschulten Personals die Zentral-Einrichtungen des Akut-Klinikums oder des Universitätsklinikums mitgenutzt werden, z.B. auch Zentrallaboratorium, Zentralröntgenabteilung. Aufgrund der Befunde werden die Patienten in eine der geriatrischen Einrichtungen eingewiesen oder in eine der Spezialabteilungen des allgemeinen Klinikums weitergeleitet, sofern die Behandlung nicht durch die konsiliarisch tätig werdenden Spezialisten in der geriatrischen Klinik durchgeführt werden kann.

Die Einrichtung von *Tageskliniken* ist ein dringendes Desiderat. Eine Tagesklinik steht zweckmäßigerweise in engem räumlichen, sachlichen und personellen Zusammenhang mit einer medizinisch-geriatrischen oder gerontopsychiatrischen Klinik, deren notwendiger Verbund mit einem allgemeinen Krankenhaus oder einem psychiatrischen Krankenhaus bereits erwähnt wurde.

In einer Tagesklinik werden Patienten tagsüber betreut, gepflegt und behandelt; sie kehren aber am späten Nachmittag in ihr gewohntes Milieu zurück. Auf diese Weise soll eine Isolierung, z.B. von ihrer Familie und ihren Freunden, vermieden werden.

Für die tägliche An- und Abfahrt der Patienten müssen möglichst Omnibusse zur Verfügung stehen, eine Praxis, die im Ausland beobachtet werden konnte und manche Schwierigkeiten und Hemmungen für die Patienten aus dem Wege räumt – ein nicht zu unterschätzender Faktor.

Dort, wo Tageskliniken (day-hospitals) bestehen, wird über ihre Daseinsberechtigung nicht mehr diskutiert. Aber wo bestehen sie in der Bundesrepublik Deutschland? Erfreulicherweise sind sie jetzt hier und da in die Bauplanung neuer psychiatrischer Krankenhäuser (z.B. Mannheim) und in kommunale Planungen (z.B. Frankfurt) aufgenommen.

Eine beispielhafte Einrichtung besteht seit einigen Jahren in Basel: die Medizinisch-Geriatrische Abteilung des Felix Platter-Spitals hat bereits Erfahrungen gesammelt. Sie führt – abgesehen von den ermutigenden Vorteilen für die kranken Menschen selbst – als besonders erfolgreich an, daß Entlassungen, z.B. rehabilitierter Patienten aus den Bettenabteilungen, früher vorgenommen werden können, wenn die Tagesklinik, die im allgemeinen einen geringeren Personalaufwand erfordert, die weitere Betreuung übernimmt (abgekürzte Verweildauer im Bettenhaus) oder daß Patienten, die sonst ein Klinikbett belegen müßten, noch teilweise im gewohnten Milieu belassen werden können. Die Möglichkeit, den Patienten ihre häusliche Umgebung zu erhalten, ist ein nicht hoch genug einzuschätzender Vorteil, wie ja überhaupt Ziel aller Maßnahmen die Rückkehr des rehabilitierten Patienten in seine Häuslichkeit, seine Familie oder in ein Altenwohnheim ist.

Ein Raumprogramm für eine Tagesklinik sieht in Anlehnung an das Modell der Baseler Einrichtung etwa wie folgt aus:

48 Plätze, auf denen während einer Fünftagewoche 72 Patienten behandelt werden; nicht alle kommen täglich, sondern manche ein-, zwei- oder dreimal wöchentlich, z.B. zur Langzeitüberwachung einer medizinischen Behandlung oder zur Rehabilitation.

Mehrzweckraum 109 m²
An den dort aufgestellten Tischen verbringen die Patienten einen großen Teil des Tages, haben am Morgen die Beschäftigungstherapie und nehmen dort auch die Mahlzeiten ein. Außerdem ist eine Wand mit Schränken eingerichtet, die Ruhebetten enthalten.

Ruheraum 31,5 m²
Dort findet auch täglich für ein Drittel der Patienten die Arztvisite statt.

Ein Raum für Beschäftigungstherapie 37,5 m²
für funktionelle Therapie, während Gruppentherapie im Mehrzweckraum stattfindet.

Apotheke 15,0 m²

Garderobe 14,0 m²
weitere Garderoben sind in Schränken auf dem Gang

Office 15,0 m²
Kaffeemaschine und Klein-Kücheneinrichtung

Bad 15,0 m²
mit zwei Badewannen

| | |
|---|---|
| Büro der Oberschwester | 16,0 m² |
| Arztbüro | 16,0 m² |
| Behandlungszimmer | 35,0 m² |
| Turnsaal | |

Hinzu kommen eine Anzahl von Toiletten und Waschräumen sowie kleine Räume für Ausgüsse und Wäsche. Gegebenenfalls Räume für Forschung (s. hierzu S. 94f., Abs. «Tagesklinik mit . . .»).

Bei einem angenommenen Raumbedarf von 1000 m² ist der Investitionsaufwand (reine Baukosten, ohne Grundstücks- und Einrichtungskosten / Stand 1972/73) wie folgt zu schätzen: 3750 m³ mal 290 DM je m³ ergeben rd. 1,1 Millionen DM.

Stellenplan für die Tagesklinik (zugrunde gelegt ist der Personalbestand des Baseler Tagesspitals):

| *ganztags* | *halbtags* |
|---|---|
| 1 Oberschwester | 1 Assistent |
| 3 Pflegerinnen | 1 Krankenschwester |
| 2 Hausangestellte | 1 Physiotherapeutin |
| 2 Beschäftigungstherapeutinnen | |

Bei dem engen Kontakt und der Zusammenarbeit zwischen der Medizinisch-Geriatrischen Abteilung und der Tagesklinik ist die ärztliche Versorgung von dort aus gesichert.

Bezogen auf 48 Plätze und eine Fünftagewoche, rechnet die Baseler Einrichtung mit durchschnittlichen Personalkosten von ca. 21–23 Schweizer Franken pro Patiententag. Dieser Satz ermäßigt sich, wenn man berücksichtigt, daß nicht nur 48, sondern bis zu 72 Patienten wöchentlich betreut werden, da nicht alle Patienten täglich kommen.

Hinzu kommen die Transportkosten (durch 6 Kleinbusse) pro Person hin und zurück sowie Verpflegungskosten, medikamentöse Behandlungskosten, Kosten für Strom, Heizung und Wasser.

Zur Betreuung sollten außerdem gehören:

1 Sozialarbeiter
1 Sozialpsychologe und
Schreibkräfte

So, wie beispielsweise in Schweden die Tagesklinik bereits anerkannter Bestandteil der Krankenhausplanung ist, sollte auch die Tagesklinik bei uns – überspitzt ausgedrückt – zur «Routine-Einrichtung» werden.

Die *Altersheim*-Abteilung mit einer nicht zu großen Zahl von Altersheimplätzen, eng benachbart zur Klinik gelegen, ist als Durchgangsstation für Betagte gedacht, die zwar aus der geriatrischen Klinik entlassen werden können, die aber noch beobachtet werden sollen und nach einigen Wochen – falls sie nicht unbedenklich entlassen werden – zur nochmaligen intensiven Behandlung in die Klinik zurückgenommen werden. Schließlich gehört in das geriatrische Modell ein *Bettenhaus für Chronisch-Kranke.*

Eine solche ineinandergreifende Einrichtung würde dem kranken, alten Menschen optimale Versorgung sichern. Sie würde organisatorisch effektiv sein, da die zwangsläufige Fehlbelegung und Belastung der Akut-Krankenhäuser durch Alterspatienten mit langer Verweildauer geringer und eine Verbesserung der Betten-Situation eintreten würde. Dies gilt auch in besonderem Maße für die speziellen Bedürfnisse der Psychiatrie.

*Tagesklinik mit begleitender Forschung*

Die Institution «Tagesklinik» hat aber noch einen anderen Aspekt, und zwar nach der Seite der begleitenden Forschung und heute unumgänglichen interdisziplinären Zusammenarbeit; denn die spezifische Eigenart einer Tagesklinik weist neben dem reichen Spektrum der rein medizinischen Fragestellungen auf wesentliche epidemiologische, sozialmedizinische, psychologische und soziologische Probleme hin, die exakter Forschung bedürfen.
Die Einrichtung einer Tagesklinik mit einer derartigen praktischen *und* auf Forschung gerichteten Zielsetzung würde ein Modell reprä-

sentieren, das neue Maßstäbe setzt und dessen erstmalige Entwicklung sich eine Wissenschaftsorganisation zur Aufgabe machen sollte.

*Lehrstühle*

Während 1963 Lehrstühle für Gerontologie in Paris und anschließend in Florenz geschaffen wurden, Glasgow, Gent, Utrecht, Uppsala, fünf weitere in Italien und zwei in England folgten (überwiegend für Geriatrie), wird die Einrichtung in der Bundesrepublik noch immer geplant – bis auf eine jüngste Ausnahme, des vor kurzem eingerichteten Lehrstuhls für Geriatrie an der Universität Erlangen-Nürnberg (vgl. a. S. 75).
Schon aus finanziellen Gründen wird nicht zu erwarten sein, daß die Lehrstühle wie Pilze aus der Erde schießen, auch ihre Besetzung würde nicht einfach sein, zumal die Frage der Ansiedlung in den akademischen Bereichen noch nicht ausdiskutiert zu sein scheint. Es gibt auch Stimmen, die Lehrstühle aus den verschiedensten Gründen gar nicht für unbedingt wünschenswert halten.

*Aus- und Fortbildung des akademischen gerontologischen Nachwuchses*

Das Fehlen von akademischem gerontologischen Nachwuchs ist nicht nur eine Sorge bei uns, sondern auch in anderen Ländern. Es ist mehr oder weniger ein Zeitproblem. Diesem Mangel abzuhelfen, müssen alle Anstrengungen gemacht werden.

Für Medizin-Studenten sind Aufbau- und Kontaktstudiengänge, vor allem in Psychologie und Soziologie, einzurichten. Es sollte die Möglichkeit geben, eine gewisse Zeit der Ausbildung an geriatrischen Kliniken zu absolvieren; sie sollten als Ausbildungsstätte anerkannt werden. In diesem Zusammenhang wäre zu erwägen, die vorhandenen und in absehbarer Zeit entstehenden geriatrischen und gerontopsychiatrischen Kliniken außerhalb von Universitäten, aber benachbart zu ihnen, als akademische Lehrkrankenhäuser heranzuziehen, wie es ja hier und da schon geschieht oder beabsichtigt ist.

Es sollte auch die Frage der Anerkennung des Geriaters als Facharzt diskutiert werden, die möglicherweise einen Anreiz bietet, sich der

Geriatrie zuzuwenden, obwohl ja eigentlich das Humanum – nämlich Hilfe für notleidende alte Menschen – Anlaß genug sein könnte.
Italien hat z.B. dreijährige Facharzt-Kurse eingerichtet mit dem Abschluß als «Facharzt für Gerontologie und Geriatrie».
In Großbritannien wird eine längere Dienstzeit in einem Altenhospital vorausgesetzt, um den Status eines «Geriatrischen Beraters» zu erwerben; in den Niederlanden muß der Facharzt eine zweijährige Ausbildung absolviert haben.
Es ist gewiß nicht von vornherein auszuschließen, daß die Geriatrie die Entwicklung zu einem selbständigen Fach nimmt, wie es seinerzeit die Pädiatrie getan hat. Neue Entwicklungen brauchen aber erfahrungsgemäß Zeit.

Wichtig sind ferner Fortbildungskurse für praktische Ärzte, die verstärkt durchgeführt werden müssen, wenn auch die einschlägigen Institutionen schon systematisch gerontologische Fortbildungskurse in ihre Programme aufgenommen haben.

Der steigende Bedarf an ausgebildeten Diplom-Psychologen, Diplom-Pädagogen und Diplom-Soziologen verlangt dringend – auch besonders im Blick auf die gegenwärtigen und zukünftig vermehrten Anforderungen, vor allem im Bereich der Geriatrie, Psychiatrie und der Altenhilfe – die Einrichtung eines Aufbau-Studiums für Fragen der sozialen Gerontologie an mehreren Fakultäten. Bisher bemüht sich nur Professor THOMAE in Bonn um diese Frage.

*Spezielle Aus- und Fortbildung von gerontologisch, vor allem auch pflegerisch vorgebildeten Hilfskräften*

Mit besonderem Nachdruck muß auf die praktische Bedeutung einer gerontologisch betonten Ausbildung sowie auf die Notwendigkeit für systematische und gründliche Fortbildung zu sorgen und Anreize zu geben, hingewiesen werden. Dies gilt für alle Sparten, wie Pflegepersonal, Beschäftigungstherapeuten, Physiotherapeuten, Sozialarbeiter, Diätassistenten, Logopäden.

Wenn es nicht gelingt, den Rückstand auf diesem Gebiet zu überwinden und die Lücke baldigst zu schließen, nützen ohne geschultes Personal alle wohlüberlegten Pläne und Neueinrichtungen nichts; es müssen Menschen gewonnen werden, die bereit sind, sich für ihre

Arbeit mit allen Kräften einzusetzen; das bedeutet aber auch, daß ihnen das nötige Rüstzeug sowie gewisse Aussichten für ihren Status und materielles Fortkommen gegeben werden.

Notwendig sind systematische Spezial-Studiengänge als zusätzliche Ausbildung sowie Fortbildungs-Seminare und -Kurse.

Die Möglichkeit zur Teilnahme an informativen Tagungen, auch an internationalen Seminaren, sollte gegeben werden. Abgesehen von dem Nutzen, der aus Erfahrungen anderer Fachleute gezogen werden kann, kommt hinzu, daß die Anregung, die von solchen Tagungen ausgeht, für die Teilnehmer in ihrer Tagesarbeit stimulierend wirkt.

### *Altenpfleger-Schulen*

Qualifizierte Altenpfleger-Schulen müssen in ausreichender Zahl vorhanden und die staatliche Anerkennung als Altenpfleger gewährleistet sein. Dies trägt u.a. zur notwendigen Hebung des Sozialprestiges bei.

### *Tierzuchtanlage*

Bisher ist die Beschaffung *alter* Versuchstiere für Forschungsvorhaben in der experimentellen Gerontologie schwierig.

Kommerzielle Züchter sind oft nur in beschränktem Umfange bereit, alte Tiere, deren Aufzucht spezielle Probleme mit sich bringt, zu liefern und auch nur zu unverhältnismäßig hohen Preisen. Wenn der Bedarf an alten Versuchstieren tatsächlich zahlenmäßig und finanziell die Investition für eine so spezielle Aufzuchtanlage rechtfertigt, dann muß etwas getan werden.

Es liegt nahe, das Zentralinstitut für Versuchstierzucht Hannover in die Überlegungen einzubeziehen, zumal es bereits mit der Aufzucht alter Tiere begonnen hat; allerdings zur Zeit mit einer anderen Zielsetzung als experimenteller gerontologischer Forschung.

Es ist aber bekannt, daß die Deutsche Forschungsgemeinschaft sich mit dem Fragenkomplex im Rahmen ihrer künftigen Vorhaben beschäftigt und eine Lösung sucht.

Diese Ausführungen weisen auf einen vielfältigen Nachholbedarf hin und stellen Möglichkeiten für eine Überwindung zur Diskussion. Es wäre zu wünschen, daß ohne Zeitverlust Abhilfe geschaffen wird. Die Realisierung von Vorschlägen, die hier gemacht werden, könnte nicht nur die Voraussetzungen für eine effiziente Alternsforschung in der Bundesrepublik liefern, sondern darüber hinaus zur Verbesserung der Situation der älteren Menschen beitragen.

Hieran anknüpfend sei abschließend ein Ausspruch des Präsidenten der Deutschen Gesellschaft für Gerontologie, Professor Dr. René Schubert, zitiert:

« Der alte Mensch kann nicht warten. »

Literaturhinweise

Personenregister

Falttafel: Schlüssel zur Dokumentation

# Literaturhinweise

*actuelle gerontologie,* Organ der Deutschen Gesellschaft für Gerontologie und der Österreichischen Gesellschaft für Geriatrie, Verlag Georg Thieme, Stuttgart

*mda – Medizin des alternden Menschen,* Zeitschrift für präklinische Geriatrie, Verlag Dr. D. Straube, Erlangen

*Zeitschrift für Alternsforschung,* Verlag Theodor Steinkopff, Dresden

*Zeitschrift für Gerontologie,* Verlag Dr. Dietrich Steinkopff, Darmstadt

---

BOEHLAU, V. (Hrsg.): Alter und Psychotherapie. 3. Bad Sodener geriatrisches Gespräch, 30. 4. 1971. Stuttgart 1971

BÜRGER, M.: Altern und Krankheit. Stuttgart ³1957

DEININGER, D.: Statistische Ergebnisse über die Lage der älteren Menschen. In: Veröff. d. Dt. Ges. f. Gerontol., Bd. 4. Darmstadt 1970

FRANKE, H.: Geriatrische Probleme in der internen Medizin. In: Zschr. f. Gerontol., Bd. 3, *1*. Darmstadt 1970

–, Polypathie und Multimorbidität bei Langlebigen und Hundertjährigen. In: Ärztl. Praxis, Bd. 24, *25*. München 1972

GSELL, O.: Alter und Krankheit. In: Veröff. d. Joachim Jungius-Ges. d. Wiss. Hamburg. Göttingen 1966

–, Die Baseler Studie über longitudinale Alternsforschung 1955–1965. In: Veröff. d. Dt. Ges. f. Gerontol., Bd. 1. Darmstadt 1968

LEHR, U.: Stellung und Aufgabe der Psychologie innerhalb der Gerontologie. Kurzmonographie Sandoz 3. Nürnberg 1971

–, Psychologie des Alterns. Heidelberg 1972

LINZBACH, A. J.: Das Altern des menschlichen Herzens. In: H.-W. Altmann u. a., Hdb. d. allg. Pathologie, Bd. 6, Teil 4. Berlin 1972

MIKAT, B.: Bevölkerungsstatistik in Beziehung zum Altersproblem. In: G. Schettler (Hrsg.), Alterskrankheiten. Stuttgart 1972

MITSCHERLICH, A.: Thesen zur Stadt der Zukunft. Frankfurt 1971

NASHER, I. L.: Geriatrics. In: Med. Journal, 90. New York 1909

ROSENMAYR, L.: Menschliches Altern in der industriellen Gesellschaft. In: Veröff. d. Joachim Jungius-Ges. d. Wiss. Hamburg. Göttingen 1966

SCHETTLER, G. (Hrsg.): Alterskrankheiten. 2. erw. u. überarb. Aufl., Stuttgart 1972

SCHUBERT, R.: Erfordernisse einer neuzeitlichen gerontologischen Forschung. In: R. Schubert (Hrsg.), Herz und Atmungsorgane im Alter. Veröff. d. Dt. Ges. f. Gerontol., Bd. 1, Nürnberg 1967. Darmstadt 1968

–, Differentialtherapie bei der Multimorbidität in der Geriatrie. In: act. gerontol., Bd. 2, *3*. Stuttgart 1972

STAUDER, K. H.: Über den Pensionierungsbankrott. In: Psyche, IX. Jg., 9. Stuttgart 1955
STÖRMER, A.: Vorwort zum 1. Gießener Symposion über experimentelle Gerontologie. In: D. Platt, H.-G. Lasch (Hrsg.), Molekulare und zelluläre Aspekte des Alterns. 1. Gießener Symposion exp. Gerontol., 12./13. 3. 1971. Stuttgart 1971
TEWS, H. P.: Soziologie des Alterns. Heidelberg 1971
THOMAE, H.: Altern als psychologisches Problem. In: M. Irle (Hrsg.), Ber. 26. Kongr. d. Dt. Ges. f. Psychol., Tübingen 1968. Göttingen 1969
–, Forschungsdesiderate auf dem Gebiet der sozialen Gerontologie; Bericht « White House Conference on Aging 1971 ». In: act. gerontol., Bd. 2, 9. Stuttgart 1972
VERZÁR, F.: Die Rolle der experimentellen Forschung für die Gerontologie. In: act. gerontol., Bd. 1, 2. Stuttgart 1971
ZONNEVELD, R. J. VAN: Einige Bemerkungen über Gerontologie. In: Veröff. d. Dt. Ges. f. Gerontol., Bd. 1. Darmstadt 1968

# Personenregister

*Kursiv* gesetzte Seitenzahlen beziehen sich auf Literaturangaben

## *Schriftenreihe der Stiftung Volkswagenwerk*

FRITZ GEBHARDT, Promotion und Stipendium. Ergebnisse einer soziologischen Erhebung der Forschungsstelle des Sozialwissenschaftlichen Seminars der Technischen Hochschule Hannover über das Promotionsstipendium der Stiftung Volkswagenwerk. Mit einem Nachwort von Christian von Ferber. Göttingen 1967, 211 S., 25 Tab., kart. DM 10,80. ISBN 3 525 85337 8

CLAUS MÜLLER-DAEHN, Zum Problem der Abwanderung deutscher Wissenschaftler. Eine Untersuchung im Auftrag der Stiftung Volkswagenwerk. Göttingen 1967, 122 S., 6 Übersichten, kart. (vergriffen)

KARL OTTO PÖHL, Wirtschaftliche und soziale Aspekte des technischen Fortschritts in den USA. Ein Bericht im Auftrag der Stiftung Volkswagenwerk. Mit dem Bericht einer amerikanischen Sachverständigen-Kommission. Göttingen 1967, 219 S., 9 Tab., 11 Schaubilder, kart. DM 10,80. ISBN 3 525 85340 8

WILLI PÖHLER, Auslese und Förderung. Das Auswahlsystem und die Zweitstudienförderung der Stiftung Volkswagenwerk. Ergebnisse einer soziologischen Begleituntersuchung der Forschungsstelle des Sozialwissenschaftlichen Seminars der Technischen Hochschule Hannover. Göttingen 1968, 202 S., 45 Tabellen und Diagramme, kart. DM 10,80. ISBN 3 525 85341 6

MARIE LUISE ZARNITZ, Molekulare und physikalische Biologie. Bericht zur Situation eines interdisziplinären Forschungsgebietes in der Bundesrepublik Deutschland, erstattet im Auftrag der Stiftung Volkswagenwerk. Göttingen 1968, 106 S., 16 Tab., kart. DM 6,–. ISBN 3 525 85342 4

GERD KLASMEIER, Biomedizinische Technik. Bericht im Auftrag der Stiftung Volkswagenwerk zur Situation eines interdisziplinären Fachgebietes in der Bundesrepublik Deutschland. Mit einer Studie aus den USA, erstattet für den Direktor der National Institutes of Health. Göttingen 1969, 139 S., 6 Diagramme, kart. DM 6,80. ISBN 3 525 85339 4

CHRISTIAN VON FERBER, FRITZ GEBHARDT, WILLI PÖHLER, Begabtenförderung oder Elitebildung. Ergebnisse einer soziologischen Erhebung der Forschungsstelle des Sozialwissenschaftlichen Seminars der Technischen Universität Hannover über das Förderungsprogramm der Hochbegabtenförderungswerke. Durchgeführt im Auftrag der Stiftung Volkswagenwerk. Göttingen 1970, 174 S., 40 Tafeln und Diagramme, kart. DM 10,80. ISBN 3 525 85335 1

KARL KAISER, Friedensforschung in der Bundesrepublik. Gegenstand und Aufgaben der Friedensforschung, ihre Lage in der Bundesrepublik sowie Möglichkeiten und Probleme ihrer Förderung. Mit einem unter Mitarbeit von Reinhard Meyers ausgearbeiteten Verzeichnis von Forschungsinstitutionen und Gesellschaften sowie einer Bibliographie « Wissenschaft und Frieden ». Studie im Auftrag der Stiftung Volkswagenwerk. Göttingen 1970, 271 S., 6 Tabellen und Schaubilder, kart. DM 9,80. ISBN 3 525 85338 6

ERICH ZAHN, Systemforschung in der Bundesrepublik Deutschland. Bericht im Auftrag der Stiftung Volkswagenwerk zur Situation eines interdisziplinären Forschungsgebietes. Mit einem Verzeichnis von Forschungsinstitutionen sowie einer ausgewählten Bibliographie zum Schrifttum der Systemforschung. Göttingen 1972, 139 S., 2 Tab., 14 Schaubilder, kart. DM 9,80. ISBN 3 525 85350 5

Das Informationssystem der Stiftung Volkswagenwerk. Ein Bericht über die Erfahrungen bei der Entwicklung und Anwendung. Göttingen 1972, 147 S., 16 Schaubilder, 8 Erfassungsformulare, zahlreiche Bildschirmwiedergaben, kart. DM 9,80. ISBN 3 525 85351 3

HANSPETER BENNWITZ, FRANZ EMANUEL WEINERT (Hrsg.), CIEL – Ein Förderungsprogramm zur Elementarerziehung und seine wissenschaftlichen Voraussetzungen. Auf Anregung des Arbeitskreises CIEL der Stiftung Volkswagenwerk herausgegeben von –. Göttingen 1973, 374 S., 20 Abb., 14 Schaubilder und Tabellen, kart. DM 19,80. ISBN 3 525 85352 1

HELEN VON BILA, Gerontologie. Bestandsaufnahme zur Situation der Alternsforschung in der Bundesrepublik Deutschland. Göttingen 1974, 108 S., 1 Tab., 2 Schaubilder, kart. DM 9,80. ISBN 3 525 85354 8

RAINER BÜREN, Gegenwartsbezogene Orientwissenschaft in der Bundesrepublik Deutschland. Gegenstand, Lage und Förderungsmöglichkeiten. Mit einem von der Dokumentationsstelle Moderner Orient erstellten Verzeichnis von Institutionen mit gegenwartsbezogener Forschung zu der Region Vorderer und Mittlerer Orient; Red.: Munir D. Ahmed, Ingeborg Otto. Göttingen 1974 (im Druck)